情热的法则

（日）小池真理子等著　李重民译

日本著名女作家情感小说选

文汇出版社

图书在版编目（CIP）数据

情热的法则：日本著名女作家情感小说选 /（日）小池真理子等著；李重民译. -- 上海：文汇出版社，2014.10
　ISBN 978-7-5496-1283-3
　Ⅰ.①情… Ⅱ.①小… ②李… Ⅲ.①言情小说－小说集－日本－现代 Ⅳ.①I313.45
中国版本图书馆CIP数据核字(2014)第221229号

情热的法则
日本著名女作家情感小说选

责任编辑 /	戴　铮
装帧设计 /	王　翔
出版发行 /	**文汇**出版社
	上海市威海路755号
	（邮政编码200041）
经　　销 /	全国新华书店
印刷装订 /	江苏省启东市人民印刷有限公司
版　　次 /	2014年10月第1版
印　　次 /	2014年10月第1次印刷
开　　本 /	890×1240　1/32
字　　数 /	160千字
印　　张 /	7.375
书　　号 /	978-7-5496-1283-3
定　　价 /	21.00元

·版权所有　侵权必究·

目　录

小池真理子

情热的法则 002

独角兽 030

山田咏美

黑色的绸子 046

眷恋的眼神 059

高树信子

缥缈的樱色 074

青色的北风 088

吉本芭娜娜

辣白菜的梦 104

螺旋 119

林真理子

后悔的男人 128

怨女情结 143

内田春菊

希绪美 158

夜里的脚步声 187

森瑶子

盛女的疼痛 206

真理子的选择 220

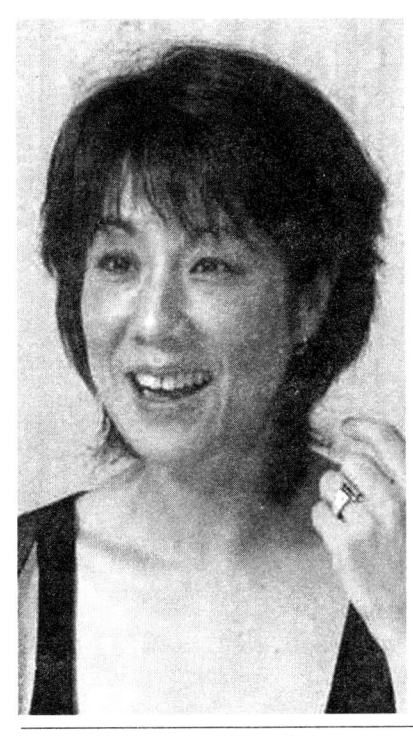

小池真理子

1952年生于东京,1985年发表第一部长篇推理悬念小说《不能从你的身边逃走》,1996年凭借小说《恋》荣膺直木奖,1998年又以《欲望》获岛清恋爱文学奖。她还是日本短篇小说的高手,发表了大量精美绝伦的短篇小说,文字充满感性,风格独特,引人入胜,被誉为"天下第一品"。其情感小说尤为擅长描写女性情欲的心理挣扎,以一贯细腻而又锋利的笔触,为男女之间纷乱的情感纠葛理出头绪,找到安身立命的出口。

情热的法则

唉，我真想吃枇杷。多美心里想。

我想吃枇杷，想吃……头脑里一旦开始转有这样的念头，就已经是欲罢不能了。嘴馋得越来越惨烈，她已经不能自制，真想先咬着枇杷解解馋。

冰箱里第二层架子上就放着整箱的高级枇杷。那枇杷不是在苗圃里栽培的，而是天然的。这是妹妹玲子昨天晚上回家时带回来的，她在医院里当护士，说是患者出院以后，患者家属送给她的礼物。

玲子今年四十四岁，比多美小五岁，但外表却很年轻，看上去至少比她的实际年龄还要小十岁，一副天真烂漫无忧无虑的少女般的表情，足以勾起男人的痴心。经过她护理的男性患者，还常有人对她一往情深。

不仅是患者，就连患者的家属，都经常有人对玲子想入非非。其他的护士们可以作证，比如时尚的点心啦，还有日本老铺子的高级糕点啦，甚至还有野山里采集的松茸，都会有人揖手相送。玲子也真有一套，只要不是金银首饰，她都一概接受下来，满不在乎地带回家里。

作为女人而受到男人们的奉承，玲子对此淡然处之。按她的个性,她并不是因为习惯受男人的吹捧,而是对那种事情压根儿就不太感兴趣。

前几天多美曾拿她开过一次玩笑,说贡物好像减少了呀!不料第二天,玲子就带回了那箱枇杷,实在太滑稽了。玲子回家时已经深夜,但多美还是等着玲子洗完澡,用两只玻璃盛器各放着两颗枇杷,先尝尝鲜。

这是上等的枇杷,已经熟了,颗粒大得前所未闻。一剥皮,枇杷汁就会顺着手指往下淌。放在嘴里一咬,甜蜜的果汁就会从嘴里溢出来,沿着嘴角往下滴。多美眯缝着眼睛,不停地喃说着:真甜,真好吃。

多美想尽快能吃到枇杷。她心里在想,那枇杷放在冰箱里恰好已经冰凉……根本就闻不到枇杷的香味,仿佛幻影一样直钻她的鼻腔,多美快熬不住了。

然而,市村骑在多美的身上剧烈地扭动着腰,看来还不像是要结束的样子。虽说五月,但到了夜里气温也不见下降,多美早已经是汗水淋漓。

这天玲子上夜班,傍晚时分就离家了,要到明天早晨才下班回家。在她回家之前,家里就只有多美和市村两个人。市村从平时起就期盼着玲子上夜班,今天晚上八点刚过,他就兴冲冲地来了。

市村五十二岁,家里有着妻子。多美与他发生性关系,论时间两年刚出头。面对多美准备的烈性纯米酒和各色菜肴,市村总是一副老样子,只顾低着头吃着,几乎不说话,脸上毫无表情,不知道他是高兴还是不高兴。而且无一例外,他总是突然从多美的身后一把抱住多美,把她紧紧地搂在怀里,吻着她的颈脖。

两人抱在一起相拥着走进多美的卧室,赤身裸体地上床。接着,市村做的总是那件事,多美的反应也一如既往毫无二致。

多美现在正在发出激烈的喘息声。这不是演技。她的感受也和以前一样,她的身体明显地作出反应,全身沉溺在像波浪一样冲涌而来的温暾的感觉里,她真想被这种随波逐浪般的感觉淹没了,永远也不要苏醒过来。

市村的背脊那汗漉漉的触摸感,不时地堵着她嘴唇的喘息,在喘息中能够微微感觉到的酒气,这些都是多美已经习以为常的,而且会煽起多美难以压抑的亲昵感。她并不是突然感到厌恶,不能够接受他。

如果市村呢喃着"我爱你啊",多美也会情不自禁地回应着"我爱你"。市村除了与她肌肤相亲的时候之外,很少说出"爱"的话来。他没有那样的习惯,所以在床上的表现令多美销魂。现在也依然是如此。

和平时一样,多美用双手缠绕着市村的颈脖,在他的耳边不断地喃说着:"我爱你,我爱你啊,我真的太爱你了……"同样和以前一样,她的声音会渐渐地高亢起来,她会突然想到,如果窗户没有关上的话,也许会被邻居听见。

传来急救车飞快驶向远处的警笛声,仿佛要刺透这黑夜里的宁静。多美感觉到一阵巨大的波浪好像迎合着警笛的节奏似的涌向她的子宫。市村腰部的动作变得更猛,喘息声也变得更加激烈。

——但是,多美的身体和头脑已经分离,她满脑子想着的,是枇杷。

不知从什么时候起,多美对男人一感到腻味,在黑暗中就会想起水灵灵的新鲜水果。桃子、西瓜、蜜柑、甜瓜……根据做爱时场景和感受的不同,头脑里描绘出来的水果种类也各不相同,但都能够用一句话来概括,就是"水灵灵的"。

为什么会想起新鲜的水果,要问原因,不知其所以然。她也不认为水灵灵的水果和对男人腻味的感觉,两者之间会有什么明显的因果关系。

只是和男人两情缠绻的时候,一感觉到那种亢奋的呻吟和激烈的心悸将要消失,多美的情绪就会快速委顿下去,突然感到嗓眼里干渴。说是干渴,也不是那种想要咕咚咕咚地大口饮水的、剧烈的干渴,只是想嘴里稍稍含着有些甜味的凉水、想湿润一下嗓子的干渴。也许就是那种程度的干渴,才使多美联想起各种水分充足的水果。

多美心里猜想,这或多或少也许还是孩提时的记忆在起着作用。

如今她体态丰满,但人们也许不会相信,多美在孩提时却是一个营养不良体质虚弱的孩子,形销骨立瘦骨嶙峋,连校医见了她都感到惊讶。对她来说,生病是家常便饭的事,她经常发烧,每次发烧都会出现原因不明的呕吐。

母亲专门为她熬粥吃,但她的胃却不能接受,有时她甚至虚弱得连一向喜欢吃的冰淇淋都咽不下去。即使在那样的时候,多美就只能吃水分多的水果。

她至今还常常回忆起母亲为她剥去蜜柑皮,让她嘴里含一片蜜柑时,那冰凉的甜汁一直扩散到舌根的感觉。在卧室里,有时她还会这样胡思乱想:对男人突然感到乏味,想吃水分多的水果,这会不会与童年生病卧床时让母亲剥蜜柑皮的记忆,在某个地方牢牢地联结在一起?

即使这么胡思乱想着,也不可能得出一个结论,相反只会使她的头脑更加混乱。即使如此,多美还是觉得自己对男人感到腻味时的感觉,和躺在病床上在母亲的照顾下吃着水分多的水果时的感觉,两者之间有些相似。每次这么想着时,心里的烦躁就会一扫而光,心情出奇地平静下来，感到十分的宽展。

与感到腻味的男人做爱寻欢之后，多美赤裸着身体，在慵懒的体外套着一件穿旧的对襟毛衣，问："吃些什么东西？"

"你要吃什么？"

"西瓜，是冰凉的。我很想吃啊。你一起吃？"

"好呀！"

于是，多美对着男人贪婪地啃着西瓜，丝毫也不感到害羞，像孩子那样毫无顾忌地"咔嚓咔嚓"地咬着，将瓜子吐在盘子里，独自喃说着"真好吃，真甜。"她全神贯注地啃着，忘记了讲话，忘记了关照对方。而且，多美用指甲抹着满是西瓜汁的嘴唇和下颚，一边心安理得地想着：呃，我已经冷淡他了。

多美的情热不会持续得很长久。对方还自鸣得意，以为她对自己竟然会那么着迷，忽然某一天她清醒过来，便变得冷漠了。她的情热有时会持续五六年，有时不到一年便搁浅了。没有什么理由，连多美自己都难以作出解释。

一旦冷却了以后，多美就再也不会去想那个男人。但是，这并不是说她翻脸无情，把对方忘得一干二净。其实她并不是那么干净利落，说断就断了。以后还会断断续续地持续一段时间。她至少还能够装作和以前一样，然而那个时候，多美已经在内心里拿定了主意，毫不动摇。

对男人感到厌烦，这样的感觉令多美快乐不起来。每天的生活井然有序，弛缓，恬适，所见所闻也都充满着透明感。那种透明感就好像因感冒长时间被堵塞的耳朵深处，突然被抽去了空气，外界所有的声息都骤然涌向耳膜一样。

以前满脑子都尽想着男人，时间极度浪费，现在一下子全都能够用于自己一个人了。在迷恋着男人的时候，读报时总是一扫而过，现在也能花时间仔仔细细地读遍每一个角落。那时购置的图书没有时间阅读,现在也能够细心品味,沉浸其中而忘记了时间的流逝,等到从书中回过神来时,常常已经是天亮了。最令人高兴的是,即使一夜没睡,第二天也能够毫不在意皮肤的感觉和身体的困乏了。

而且,她作为速记员也能够全神贯注地投入工作。以前事事都首先考虑与男人的幽会,现在就没有必要拒绝报酬很高的工作,或者事先寻找理由解除合同了。

一旦从男人的身上解脱出来,就再也不会有那样的事了。

她对速记工作已经得心应手,各家媒体只要有速记,大多点名要多美。

如果不愿意与别人有太多的交往,工作结束就马上回家。一个人能够利用的时间非常宽裕,深夜一边听着录音磁带,一边把速记输入电脑,能保持心中的那份宁静,不至于忽然被男人搅乱了心情。这样的状态,简直可以称为无上的幸福。

那种短时间的无上幸福,会令多美的身体稍稍发胖。与男人交往时还扁平的腹部,会长上赘肉而变得松软,腰围变粗。令人奇怪的是,在感觉到"呃,发胖了!"的时候,还会觉得乳房也失去了香泽和艳丽,到了这把年龄还那么丰满而令她引以为豪的乳房,此时却好像一块干瘪的脂肪块。

尽管如此,与沉浸在恋情里对周围视而不见,虎视眈眈地喘息着、贪婪着雄性不能自拔相比,多美更喜欢自己凡事都方寸不乱,保持沉稳。她甚至还这样想:无论怎么样发胖,无论怎么样香销玉殒,都用不着担惊受怕。

用餐后食用甜食的量也增加了,甚至还懒得处理体毛。妹妹玲子实在看不下去了,便嘲讽着说:"姐姐,你不会说是因为没有男人与你交往的缘故吧?"即便这样,多美也只是莞尔一笑,点着头说:"是啊。"她尽管点着头，实际上却几乎没有听进去。

还是这样生活更轻松。多美心想。尽管已经脱离了色欲，种种惊心动魄的做爱场景消失在遥远的记忆彼方，身体变得松弛，却可以恢复内心的平静。……只要不缠绵在色欲里，就是幸福。她甚至这样想。

然而，令人称奇的是，那样的时间持续得不会长久。多美不久就会在一些意外的场合里结识到男人，并被男人所吸引，坠入恋情里，赘肉眼看着从身上消失，眼睛里凝聚着妖异的光芒，无论睡着还是醒着，满脑子都想着那个男人，忘记自己是一名速记员，忘情地投身在"雌性"这个角色里，沉溺在色欲的漩涡里不能自拔……

多美四十九年的人生就是这样反反复复周而复始，只是程度上的差别而已，而且会一直持续到某一天，一边与男人做爱，一边脑海里忽然浮现出水分多的水果。

"有枇杷，你吃吗？"

多美问道。市村精疲力竭地躺在床上，呼吸急促，汗涔涔的身体在床边小台灯的照射下闪闪发亮。市村的肉体上长着的赘肉与他的年龄相符，房事过后，他的肌肤准会变得柔软，就好像女人一样。

"吃吗？"

多美重又问道，于是市村瓮声瓮气地"嗯"了一声。

"这是玲子昨天从患者家属那里拿来的，枇杷很大，非常好吃。冰冷的呀！帮你送到这里来？"

"好吧。"

市村一边说着，一边翻了一个身，将手臂放在额头上，呈"大"字形仰脸躺着，暴露出缩进阴毛丛里的男根。这已经不能令多美产生任何的感动和情趣，就好像在已经看习惯的房间里看到已经看习惯的小玩意儿一样。

大约两年半之前,一家女性杂志开辟座谈栏目,委托多美作记录。于是,多美去拜访一家坐落在荒川区的小型造纸厂。市村是那家造纸厂的法人代表,座谈在市村和著名的女作家之间展开。

那位女作家已经快七十五岁,出版图书时经常指定用市村工厂里生产的纸张做封面。她早就向编辑部提出,一定要与市村进行一次座谈,但市村一直拒绝说自己不擅长讲话,而且在装饰豪华的地方坐着会很别扭。

但是,市村经不住那位女作家的再三请求,终于无法再推托了。市村扭扭捏捏地一答应,那位女作家便提出一定要去市村的工厂里看看,结果座谈就在车间背后一间单独的茶室里进行。

多美按规定坐在桌子的角落里,一边录着音,一边用速记作着记录。市村与其说是口笨舌拙,还不如说更像一位从来没有见过市面的青年那样,不知所措地任其摆布。多美从一开始就被他的那种神情强烈地吸引住了。

市村是第二代法人,即使不去看这优雅的茶室和十分宽敞的工厂,还有几幢虽然陈旧却威风凛凛的主楼,也可以察觉他的上一代是一位很了不起的资本家。

多美原本就是一位速记员。参加座谈的人即使有说有笑谈得很欢快,速记员也很少加入到交谈中去。座谈结束,责任编辑或记者们一般会向她使一个眼色,轻声地道谢一声"你辛苦了",示意她赶快离去。如果座谈是在高级菜馆或有名的餐厅里进行,公司出经费也不会把速记员包括在内。这似乎决定了速记员在座谈中的地位。

多美在编辑的催促下开始作回家的准备。就在这个时候,由编辑部向菜馆里预订的饭菜送来了。就是说,座谈结束以后,市村和女作家、责任编辑三人要在市村的茶室里共进菜馆里送来的午餐。这时已经过了吃午饭的时间。

编辑走出茶室,到车间那里去取饭菜,女作家也随之起身去洗手间。一同在场的摄影师带着照相器材走到了屋外。座位一下子乱了起来,茶室里忽然间只剩下多美和市村两个人。

"已经有很长时间了吧?"

多美正在把笔记本和铅笔盒放进手提包里,听到市村对着她问话,便抬起头。

"呃?"

"我是问速记这个工作,你干了很长时间吧?"

"是啊。已经有二十年了吧。"

"刚才我在不停地朝你这边望,看见你记录的速度很快啊。"

"我算是慢的,还有比我更快的人。"

"真不敢相信啊。而且在记些什么,外行人一点儿都看不懂。"

"我记得在学习速记之前,自己竟然会学会写那样的文字,我自己也不敢相信。"

"没有人能够看懂你的文字,有时候也很方便吧。可以堂皇而之地当着丈夫的面给情人写秘密的信件。"

多美"呼哧"一下抿着嘴笑了。多美知道,她的这种笑法,在男人的眼里显得很有魅力。

"不凑巧,我还是独身。"

"是吗?"市村颇感意外。

"你显得很年轻,我心里还以为……"

目光相遇。这一瞬间的目光交织,点燃了多美内心的火花。

十天后,多美打电话给市村,提出要去参观市村的工厂,说上次没有来得及好好地看一看。不出所料,市村好像正等着多美打来电话似的一口承诺了。那天,多美参观了工厂以后,和市村一起进餐。

过了一个星期,这次是市村主动向多美联络。邂逅两个月以后,两人便有了性关系。两人去京都作两天一宿的旅行,外表看起来就像是秘密的新婚旅行。从此以后,每隔十天或两个星期,两人便幽会一次。这样的状态一直持续至今。

在这期间,多美在生活中满脑子想的都是市村。每次幽会结束,她都刻骨铭心地回想着,市村是这么说的,市村是那么说的,他是那么地爱着我。直到下一次幽会,她都是回想着市村说过的话、做过的事消磨时间。她甚至在市村将要回去时缠着市村,一副极其认真的神情,像言情小说里的女主人公那样,说出这样的对白来:今天晚上你不要回家,如果你爱着我的话,就不要离开我。

这的确是一种热烈的爱恋,一时间整个世界都是以市村为中心在旋转着。她情意绸缪一往情深,即使去购物,购买的内裤也是特地为了给市村看,购买的化妆品和衣物,全都是为了能在市村的面前显得年轻些、漂亮些。她甚至还在学习有关日本手工抄纸的知识,以便聊到市村在工厂内的工作时能够侃侃而谈,后来她对这一方面的相关知识竟然十分熟悉。

与市村结婚,和市村一起生活,她对这些事都不抱任何幻想,也从来没有想过。但是,她开始觉得,这也许是她最后一次恋情,不,肯定是最后一次了。

多美心里暗暗想着,年过五十以后,男人就不会那么轻易地出现在她的面前。她长得很漂亮,早就有人说她的面容很朴实,就像小偶人似的。她的脸庞长得很古典,因此她努力不让自己太引人注目,久而久之真的没有人注意她了,甚至还遇上过这样难堪的事情,有的人见过几次面,还不记得她的长相。

以至于她的脑海里一直有着这样的潜意识:男人不会再正眼瞧自己一眼了。这让多美自己都感到奇怪。自从三十三岁离婚以后,她已经没有任何约束，可以和所有的男人交往了。与得到男人的爱相比，多美原本就更擅长主动地去爱男人。她觉得还是自己主动出击更有效果，为什么会这样，真正的原因，她一无所知。

多美喜欢的男人，一般都是口笨舌拙的男人，并非那种擅长玩女人的花花公子。拙笨的男人，对女人大多都是被动的。

在经历过焦虑和郁闷的煎熬，认定是他以后，多美知道自己必须主动接近那个男人。如果多美主动接近他，对方暂时会表现出躲避的神态，但只要对多美感兴趣，就决不会转过身去。

而且，多美越是大胆地向对方示爱，对方也会把天平沉沉地倾向多美一边。最后，男人会细心地品味多美这颗成熟的果实，完全接受多美那份像少女一般让人喘不过气来的爱慕，于是多美从一位主动追求爱情的女人，整个儿转变为一位受到男人追捧的女人。

即使市村是最后一个男人，也根本用不着在乎。而且，只有市村，才适合做她最后一个男人。在这两年出头的时间里，多美这么想着，陶醉在幸福的幻影里不能自拔。

然而，为什么突然会这样了？多美自问着。就像以前也屡次出现过的那样，这是一个永远也不会有答案的问题，多美甚至觉得，这样的提问，本身就是愚蠢的。

多美赤裸着身子，披着一件白色的毛巾浴衣，走到厨房里，从冰箱里取出装着枇杷的箱子。她在水龙头下一颗颗地冲洗着，把它排列在玻璃盘里。她用浴衣的腰围部分使劲地擦干湿漉漉的手，然后端着玻璃盘走进卧室里。

这时，市村正起身盘坐在床上，抽着烟。多美也爬到床上，与市村面对面盘坐着。

开始时多美还想到自己没有穿内裤，浴衣又很短，下身的里面会不会暴露出来，但随即她就忘了。她专注地剥去枇杷的外皮，用牙啃咬着湿润的果肉。

她的手指淌着果汁，唇边水漉漉的。市村饶有兴趣地望着多美。他的头发已经斑白，他那留得很长的前发夹带着斑白柔柔地披在前额上。多美心想，他依然是一个有魅力的男人，长得有模有样，丝毫也没有中年的味儿。

然而，多美已经什么都感觉不到了。她没有任何依恋的情绪，就连哀伤、孤寂的感觉都没有。甚至，沉迷着市村而度过的那些日子，在她的内心深处都没有引起任何依恋或者窒息的感觉。

多美只是不停地、大口地吃着枇杷。窗外的院子里，蛴螬（金龟子的幼虫）在低声地鸣叫着。气温稍稍有些下降，起风了，但也许是下雨的缘故，湿度还是很高，房间里非常闷热。

多美剥着枇杷皮，使劲地捏着枇杷核，把发着乌光的硕大的枇杷核放进玻璃盘子里。手指和手指之间黏糊糊的，嘴角边还垂挂着果汁。

多美的眼睛不朝市村看一眼，多美的耳朵也没有听着市村的话。这个男人曾经使她如此的爱慕，曾经使她如此的痴迷，曾经让她沉溺在如此危险的情念里。然而现在，多美的情绪非常平静。他丝毫也不能搅乱多美的情绪，在多美面前就像是一头不碍事的大动物一样。

从第二天起，多美头脑里已经没有了对男人的意识，生活中没有了男人的主宰。

以前，多美做任何事情都首先想到市村，生活也紧跟着市村的日程进行安排。然而现在，她已经不用再去考虑男人的生活节奏，不用百般留意着生怕妹妹玲子上夜班的日子会打乱了自己的约会，在接受速记委托时也不用再事先考虑男人的预定。这些麻烦的事情，她已经不用再去顾忌了。

市村不喜欢吃甜食。蛋糕和点心等，无论多美怎么劝他，市村都不会尝一口。多美在市村的面前也尽量不再提起什么甜食了，当然她也担心自己发胖，但现在已经不必为那些不足挂齿的事而控制自己的食欲了。

玲子不在家的夜里，多美吃完晚饭以后，独自坐在餐桌边，用餐刀切着栗子羹的时候，感到非常愉悦。她把嵌着大颗栗子的栗子羹切得很厚，厚得连自己都感到吃惊，既然没有人看见，就干脆用手抓着塞进嘴里。

吃完以后，泡一杯连舌头都觉得麻木的浓茶，双手捧着茶杯，长舒一口气，内心里悄悄地有着一种幸福感。尽管多美觉得自己这副模样像一个地道的中年女人，但她对这种没有任何骚扰的清静感到非常满足和快活。

当然，她不会对市村讲出分手的话来，所以市村还毫无察觉。显而易见，再过十天左右，市村会打电话来，天南地北地胡扯几句以后，他会问："这次玲子小姐是什么时候上夜班？"

回答的理由，多美已经准备好了。玲子医院里已经换班了呀！她好像已经从夜班中解放出来了，要有好一段时间不上夜班呢。——这样回答，就能轻而易举地把他应付过去。

尽管如此，市村也许过一段时间还会打电话来。多美并不是讨厌他，所以即使与他见见面也无伤大碍。他每邀请三次，接受他一次，一起在外面吃一顿饭，或者喊到家里来，拥有和以前同样的片刻时间。如果是那种程度的交往，这事就好办了。

然而，市村也绝不是一个傻瓜，感觉没有那么迟钝。在这期间他会察觉出多美的变化，两人的关系就会变得若有若无。——出自以往的经历，多美这样盘算着。

按多美的脾性，她很难开口讲出与男人分手的话来。她绝不是因为胆怯而不敢说,而是以这一瞬间为界,她将与曾经坠入情爱关系的男人恢复形同路人的状态,总觉得有些于心不忍。

在人世间,有着许许多多相互喜欢却不得不分手的故事,但按多美的个性来说,既然喜欢,就没有必要分手,同时她认为,如果不知不觉地感到了腻味,那么就可以不知不觉地分手。到了这一把年龄的成年人,根本没有必要特地流露出一副阴沉的表情,促膝跪坐在一起讲述着分手的伤感。

与此相比,最重要的是,连多美自己都不敢相信,只隔了一夜,自己就能如此利落地摆脱恋情的束缚。多美的情感是不可捉摸的。她绝不是讨厌市村的什么才感到乏味的,只是因为对自己与市村的关系感到厌倦了,这令多美自己都感到惊讶。

曾经只要听到市村的声音,她的身体就会猛然燥热起来。这么一想,多美又觉得自己是一个薄情寡义的女人。她的身体如今已经与燥热或润泽毫无关系,这不仅没有令多美感到寂寞,反而觉得心神恬然轻松自在。因此,多美不得不对自己的变化如此之快而感到瞠目。

就在这样的时候,一天晚上,电话铃响了。对方是学生时代开始交往的男友石堂。

石堂精通古典音乐,在东京都内开着一家小型音乐厅,兼作经理人,常常会为多美留好音乐会的票子。每次有音乐会,总是向多美招呼一声。两人大约半年见一次面,尽管见面后总忘不了相互调侃一番,但石堂这位朋友是典型的没有色欲的人。

这天他打电话来,也是邀请多美去参加室内乐的音乐会。石堂兼作经理人的音乐厅,六月中旬召开题为"巴罗克的昨晚"的音乐会。石堂用多少带有一些强迫的口气说,拥有众多乐迷的三人组合将从法国赶来日本演出,所以音乐会的票子很快就卖完了,石堂是通过

"后门"才把多美的票子搞定的。

"对不起。"多美听石堂如此这般地说了一通之后,吸了一口气,说道,"现在吧,我对那样的事情,已经不感兴趣了。"

"……出了什么事?"

"没有。没出什么事。什么也没有发生,只是我的情绪吧,有些压抑。"

"是中年忧郁症?我记得是叫更年期忧郁症吧。对了,多美已经是更年期了。"石堂嬉笑着说道。

"你开我的玩笑吧,不是的!"

"到了这个年龄,真是多事之秋啊。"

"你呢?你好吗?"

"嘿!妻子有些不太好。"

"怎么了?"

"更年期啊。她变得很古怪,每天扮着一副鬼脸,说这里不舒服。像她那样……怎么说来着?就是不断地换医生……"

"老病号?"

"对了对了,就是这个。她好像特别喜欢换医生,满脑子想的都是医院。"

"只要进行荷尔蒙疗法就可以了。那效果是戏剧性的呀!要说副作用,比以前少多了。"

"你说的那种话,男人是听不太懂的啊。我说这话可不是无情无义。多美不会是更年期?"

"好像还没有到,快了吧。"

"可是,你还是很精神啊。"

"我只是装作很精神的样子啊。"

"是吗?……嗯,也许是的。"

"你在说什么?"

"我是说,也许是的。就连你多美,都有不少烦恼的事情吧。"

"还要拜托你多多关照呢。"

哈哈……石堂发出干渴的笑声,东拉西扯地谈了一会儿之后,说以后再联络便挂断了电话。

多美知道石堂对自己还怀有淡淡的眷恋。虽然石堂从来没有向多美表白过,但现在每次见面时,多美总会冷不防感觉到石堂那雄性的目光而感到畏悚。

尽管如此,一旦高兴起来,多美会若无其事地把话题试着转向情色的方面。如果能够劝说他,她也希望能找机会苦口婆心地劝说他一次,如果不能说服他,她也希望能这样做一个终生的好朋友。……她带着这样的企盼意味深长地提供话题,但石堂根本就没有乘虚而入的意思。

即使见面,两人的交往一般只是一起去参加音乐会,回家时顺便到酒吧里喝一会儿酒。分手时也很干脆,石堂从来没有送多美回家过。偶尔他提出可以送多美回家,反而是多美说路远不方便,便拒绝了。

怎么回事啊,你真小气。多美如果这么说,石堂便仰天笑着,害羞地喃说着:"我只不过是为了能见到你,这样我就已经满足了。"

多美并非不想接受石堂的邀请去欣赏巴罗克室内乐。把自己刻意打扮一番去音乐厅,这不是什么麻烦事,只是石堂注视着自己的目光里,映现着一种难以压抑的欲念,表明他不会流露于外的淡淡的恋情。一想到也许要面对他那样的目光,多美便懒得出去。

现在她最不想看见的,就是那样的目光。纵然那只是像一阵风儿一样吹过,多美都不愿意看见。如今她想彻底地从动摇情感的所有禁锢中摆脱出来,获得自由。

"如果是我的话,我就去。"在一边听着多美接电话的玲子冷不防说道,"好不容易为你拿到音乐会的票子,你却不去,这不太好。"

"我知道不太好,但我没有那份兴趣,没有办法。"

"石堂君也太可怜了。他一直钟情于姐姐,活到这把年龄,竟然还会遭到拒绝。"

"不管拒绝还是不拒绝,我和他之间的关系,从一开始就不是那样的关系,这你是知道的吧。"

"因为姐姐从来没有如此干脆地拒绝过他啊,这是肯定的。我想不到你也会有不加情面地拒绝的时候。不让对方断了那种念想,说是做个好朋友,就一直这样拖拉着……这也许是最残酷的。"

"你不要胡说。我听你的,你说怎么样拒绝才好?"

那种事,你问我,我也不知道。玲子懒洋洋地说道,咬了一口酥脆薄片饼干,啜着浓茶。

多美心想,她和玲子是亲姐妹,但脾性却截然不同。外表看来玲子长得比多美漂亮得多。玲子往往会被人误以为私生活丰富多彩,异性关系混乱,但玲子与三十岁时坠入恋情痴心不改的医生,保持着长达十四年海枯石烂不变心的关系。那位医生比她大三岁。

医生理所当然有着妻子,但好像家庭生活不太和顺。医生在心底里迷上了玲子,很爱玲子,显然这不只是一场半生不熟的婚外情。听说他的梦想是早晚都要和玲子一起离开东京,去缺医少药的东北农村地区居住,多美也不得不对这位男子的浪漫感到可敬可佩。

多美并不厌恶那种装饰着古典式情热的恋爱,但她很有自知之明,她觉得如果在现实中自己与那样的男人产生了性爱,早晚会感觉到累赘而想要溜之大吉的。

多美很不愿意把事情拖到极致时被迫进行非此即彼的极端性选择。她比谁都更清楚,恋爱时无论多么喜欢,无论多么痴迷,即使每天满脑子都想着那个男人,即使一回想起与那个男人的交媾,腿就发软站立不稳,对那个男人不感任何兴趣的瞬间都会在不经意之间突然降临。

人们对情热的宣泄,都不是靠着理由、观念、思想、伦理观之类的东西来左右的。常识和道德都显得软弱无力。冷却了……那种严酷的事实,只是作为一种现实而不容置疑地遗留下来。

我不能像玲子那样。多美懒散地把手肘支在餐桌上,望着用瞌睡的目光朦朦胧胧地看着电视的玲子,心里这样想着。在长达十四年间,头脑里的每一个角落都被一个男人占据着,一边不时地受到困惑,情绪被搅乱,一边却乐此不疲,这事本身,就让多美感到不可思议。

有的女人凡事考虑问题都以一个男人为中心,为了这个男人而把自己耽搁了,并很乐意过那样的生活就此了结一生。终生过着这样的生活,连片刻工夫也无法摆脱男人,那样的人生,不就是苦行僧吗?

"你在看什么啊?"玲子注意到多美的目光,用沙哑的声音问道。

"我在看你呢,觉得你很了不起。"

"什么了不起啊?"

"你不是始终爱着医生吗?忠贞不渝。"

玲子愣愣地笑了。

"我还以为你说什么呢。你怎么了,现在这个时候还说那样的话。"

"闲得没事做啊。"

房间里很闷热,所以窗户稍稍打开着。窗外,开始响起了雨声。雨点打在檐端发出"叭叭"的响声溅得粉碎。

"呃,到了秋季,我们去温泉玩一趟?"多美说道,"难得就我们两个女人一起去。"

"好啊,去哪里的温泉?"

"去哪里都可以。找个人少的地方。"

"信州的哪个地方,那里的温泉不是猴子常去吗? 我想去那里。"

"不和医生一起去?"

"嗯,我想去的,结果没有去成啊。有一起手术要他马上就做,你忘记了?"

"有那么一回事吧。今年秋天,你能请到假?"

"没关系。"

"只住一宿太寂寞了,住两宿吧?"

"是啊,就这样决定了。"

玲子这么说着,把手伸进装着酥脆薄片饼干的纸袋里,一下子撮出四块饼干,接着将其中的两块学着孩子的模样,猛然伸出手递给多美。

多美默默地接过饼干,放进嘴里。两人各自发出"咔嚓咔嚓"的响声咬着饼干,也不说话,有意无意地看着电视,久久地听着打在屋檐上的雨声。

以后,市村打来过几次电话。

突然之间完全中断与他的幽会,就会引起他的怀疑,如果他刨根究底地追问原因,多美很难启口说出"我想结束这种关系"的话来。她不愿意两人见面后交谈时也是阴阳怪气的。多美处理得非常谨慎,市村约她幽会三次,她接受一次,市村要与她做爱,她也不拒绝。

在这期间,市村毕竟也注意到多美对他的态度似乎有了变化。六月已过,七月也将要过去的时候,市村打电话来的间隔变长了,进入八月时,联络完全中断。

多美曾经也想过,生活中一旦没有了男人的影子,会不会感到寂寞。然而,不管今天还是过去,多美依然还是感觉不到任何痛痒。

然而令人奇怪的是,不能说正因为她没有任何感觉,心情就十分坦荡。她此刻的心情并不是那种称为"兴奋"或"感动"之类激烈的感情,就像经过长途跋涉的人某天突然回到家里、周围的一切全都洋溢着自身的气息而倍感亲切、开始想要重新过自己原来的生活时一样,只不过是十分依恋地感觉到"我终于回到家了"。就是这样的心情。

市村不再出现以后,多美的意识和肉体都开始放松了。

工作不繁忙的时候,悠闲地打一个午睡,非常轻松。说是午睡,也就是懒懒地睡上一觉。午睡以后,也只是穿着裸露大腿的短裤和袒胸露背的贴身背心,坐在屋外的藤椅上,闲散地吃着冰淇淋。

虽然外出工作时还和以前一样很注意着装,但回家时如果感到身上汗漉漉的,就脱去勒紧着身子的内裤,把它随手一扔,洗一次淋浴,头发湿淋淋的还没有干,就穿上皱巴巴的旧衣服,"咕嘟咕嘟"地一口气把罐头啤酒喝个精光。

如果不愿意做晚饭,就干脆打电话让饭店送盒饭来,有时和玲子一起去找寻一家环境很雅的酒吧,两人喝一瓶葡萄酒。对购置新衣服也不太感兴趣,即使去百货商店,也是径直走到地下的食品销售柜台。味觉消退,食欲增加,看见甜食便顺手就买了回来,这天晚上就会增添一些小小的乐趣,这令她不胜喜欢。

生活变得没有规律,如果有想读的小说或想看的电影,就心安理得地通宵达旦。去美容院的次数减少到最低限度,手指甲和脚趾甲也都不涂油了。如果指甲上不作什么修饰,对手脚的按摩也会渐渐地失去兴趣,洗完澡后连护肤霜也不抹了。

唯独出去做速记或整理速记稿的时候另当别论,剩下的时间全都是多美的。高兴什么时候睡觉,就在什么时候睡下,喜欢什么时候吃,就在什么时候吃,随随意意,不拘小节。肉体成了多美自己的,没有必要顾忌其他任何人。持续增长着的赘肉,甚至连脸上出现的斑点和皱纹,多美都默默地接受。如果连平时常有的自我意识也抛弃了,就能够毫不理会别人的目光。

肉体顺其自然地松弛,意识顺其自然地放松。多美沉浸在那样的快意里,因为陷得太深,到八月半接到石堂"很久没有见面"的邀请时,多美甚至懒得找理由拒绝,结果答应了。

原因之一就是,石堂指定的约会地点是在神田的拉面馆里,而且时间是在傍晚五点。多美心里想,那个时候,盛夏的太阳已经西斜,拉面馆里没有客人,非常安静,在拉面馆深处幽静的和式小包房里入座,一边吃着荞麦面、油炸虾、小钵菜肴,与老朋友叙叙旧也不赖。

这天,多美准时在五点走进拉面馆,石堂已经来了,正独自斟着酒。

"这是地道的日本人才有的习惯啊!"多美连客套话也没有,直言不讳地说道,"到了这把年龄,独自在拉面馆里啜着面条,在既不是大白天也不是吃晚饭的时候,慢吞吞地喝着酒。……"

"我在想,做个日本人真好。"

"是啊。穿一套和服就更好了吧?"

"是啊。"

"现在已经不时兴草履了,大约三年前吧,草履带断了也没有去修,嫌麻烦,就这么扔着。"

"你又不是没钱,草履带那样的事情,总是小事一桩吧。"

"嘿!"

石堂笑了。多美受之感染也笑了。

大盘的油炸虾不久端了上来。石堂为多美斟酒。用陶制的深底大酒杯喝酒，盛在里面的酒半凉不热，温暾暾的。这似乎反而更适合酷暑难当的季节。

"我们有几个月没有见面了？"

"几个月啊……有半年吧？"

"上次见面是刚刚过正月，所以有半年多了！"

"是啊，时间过得真快啊。"

"多美，你有些发胖了？"

"这是天气关系啊。夏天不仅没瘦，天气一热，食欲反而增加了。"

"你胖一些，还是比瘦好啊。"

"是吗？"

"到了这年龄，人再胖不起来就不太好啊，癌症什么……"

"这是指没有气色吧。也许是因为相思病才消瘦的。"

石堂朝多美瞥了一眼，"是啊。"一副认真的表情很诡秘地点点头。

石堂身着黑色的麻布短上衣，内穿白色衣领的T恤衫，显得非常年轻。他的这种年轻具有艺术家的气质，与外表看不出多大年龄的市村属于截然不同的两种类型，具有一种非常儒雅的风度。到了中年以后，人人都期望自己具有那样的风度。作为男人来说，如果身上能够酿造出那样的风度，便会觉得遂心如意了。

他的头上增添了些许的白发，眼睛已经老花，在看着菜单的时候，先要换一副眼镜，但是他与年轻时相比，变化不大，还保持着苗条的体型，刻进面容里的皱纹，也已经成为他魅力的一部分。

市村平时就对服饰很在乎，故意把自己打扮得像年轻人一样，身上穿着的却是那些廉价的东西，但石堂不同。石堂穿着的短上衣，从袖口处窥现的手表，进小包房时脱在门口的皮鞋，全都是一些能让人联想起相应价格的物品。在多美的眼里,对市村的感觉要好得多,她从来没有把石堂当作男人来看待过,所以没有那样的感觉,猜想一定会有不少女人会喜欢上石堂那样的男人。

多美一边夹着油炸虾蘸着酱油,一边心里暗暗想着,石堂尤其是在年轻姑娘的眼里会是什么模样呢?也许会有姑娘觉得,如果他提出邀请的话,也十分愿意与他交往着试试。甚至兴许还会有姑娘迷上他呢。如果真有那样的姑娘,也情有可原。

女人有时候不太顾忌男人的年龄。不能按年龄来挑选男人,是因为什么时候、在什么场合、会爱上什么样的男人,连女人自己都不太清楚。一般说来,女人的恋情,本身就是不可捉摸的。

男人对大多数事情都像解方程式一样正确而周密地、有意识地推进。女人则与男人不同。女人如同陷入在云雾中一样凭着感觉,但最后往往会莫有名状地产生情感上的冲动而孤注一掷。女人决不是想要拿男人开涮,而是连自己都不知道为什么,就那么做了。回想自己以前的情景,多美也常常会出现那样的举动。

"我对你说。"石堂说道,也许是因为天还没有黑就在喝酒的缘故,他的脸早就已经红了,"我是第一次告诉你,今年秋天,我要去汉城,这已经定下来了。"

"去旅游?"

"去工作。还要在那里滞留一段时间。我说起要在那里开一家我的音乐厅,现在对方同意了。当然不是我一个人,我们是共同出资。"

"音乐厅?真没有想到!那样的好事,你一点儿都没有向我透过风。"

"我很早以前就已经有那样的计划。有一段时间搁浅了,所以没有告诉你。"

"很好啊。这不是很好吗?你会忙起来的。"

"嗯。等着要作出决策的事情很多,堆得像山一样,我的脑子都乱了。虽说这里离汉城很近,可以经常回来,不过还是要在那里租房子,过一段单身生活。如果马上开工的话就忙了,首演以后就会更忙吧。签好年度合同,后半辈子就要在汉城度过了。"

多美点着头,一边放开脚横坐着,一边将温乎的酒杯端到嘴边。

"可是,总觉得很寂寞啊!"

"寂寞?为什么?"

"在汉城可以干一番大事业,这固然很好。从很早的时候起,我就梦想着去国外发展。既刺激,又快乐,但是……"

石堂说到这里,朝多美匕视着。多美慌忙避开目光,不敢望着他。

"去汉城?"多美下意识地望着酒杯,口里呢喃着,"那地方离得很近,人人都可以去,但是我吧,还从来没有去过。"

小包房里开着冷气,橙色的夕阳从小窗户外长长地射进来。店内很安静,除了多美和石堂以外,没有别的客人。可以感觉到远处汽车驶过的模模糊糊的噪音。

"不一起去吗?"

石堂冷不防这么说道,多美诧然地注视着石堂。

"你说'一起',是指和我?"

"嗯。"

"我和你一起去汉城?"

"是啊。"

"瞒着夫人?"

"嘿!"

"算了算了!哎呀呀!"多美惊得仰起了脸,"你不要开我的玩笑了。如果你一定要带人去,就应该带一个年轻的女孩,而不是带我这样的老太婆啊。因为要上画的。"

"也可以不上什么画。"

"感觉太差了吧。成就了事业的中年绅士,想要瞒着妻子带到汉城去的,竟然会是一个四十九岁的老太婆,这太让人见怪了。"

"什么不合适?"

"呃?"

"我是在问你,什么不合适?我邀请的,不是四十九岁的老太婆,是多美。"

多美感觉得到话题已经转向。她装作没有在意的模样,微微地露出笑容。

"你不用做出一副那么可怕的表情。到底怎么了?是今天的酒太辣了?来!你没有问题,我们喝吧。今天我奉陪到底。"

多美开玩笑似的举起酒杯,伸到石堂的面前,但石堂没有干杯的意思。

"我一直忍着。"石堂盘坐在餐桌前,躬着腰低俯着脸,孤零零地说道,"对你多美的感情,我一直忍到现在,忍了有几十年。我打算再忍下去。对不起,我说了那些令你烦心的话。以后我再也不说了,你把它忘了。"

多美缓缓地放下举到半空中的酒杯,把它放到桌子上。一辆大型卡车驶过酒店的附近,发出地鸣般的响声,房子也微微地颤动着,不久便恢复了宁静。

多美盯盯地注视着石堂。石堂抬起头来,但他的目光却回避着多美,好像什么事也没有发生过似的拿起筷子,拨弄着小钵里的菜。

称之为"忧郁"的情绪,甚至还有那种熟悉的、微微有些慌乱的感觉,阵阵地袭上石堂的心头。对石堂而言,他还是平生第一次内心里怀有那样复杂的情感。

多美慌忙强作笑颜,故意做出一副淘气的举动,在小包房里爬着挪向门口,将脸探出门外,用清澄的嗓音喊着:

"这里,来两碗面条。"

大约一个星期后,多美收到一件快件。一个很大的箱子上,印刷着"圣高原的桃子"。发送人是石堂,箱盖上用胶带贴着一封信。

信里只有一枚报告纸。也许是在办理寄送手续的时候,在受理处随手写下来的,多少显得有些潦草。上面写着:"现在带着妻子和最小的孩子一起回老家,已经有很久没有回老家了,正是吃桃子的时候,便寄你一箱。"

多美想起石堂的老家是在长野。说是想起,还不如说她根本就没有记得。她只是一边打开箱子,一边在回想着,在与石堂交往时,好像听到他说起过自己老家的事。

箱子里整齐地排列着大颗的桃子,光润润的,已经熟了。散发着一股甜果实的馨香。院子里猛然响起油蝉的叫声,仿佛正等着这股馨香似的。

石堂的笔迹,多美已经看惯了。以前她已经无数次地收到过他的来信和贺卡。他的字迹作为男人来说算是小的,虽然饱满,却有着一种纤细的感觉,能充分地表现出石堂的性格,光看到他的字迹,多美就产生了一种错觉,好像石堂已经在那里了。

夏季一个幽静的下午,玲子要到晚上才回家,遥远的地方传来低沉的雷鸣声。尽管如此,多美居住在郊外,她的房子还处在响晴勃日之下,处在散发着青草热气的酷暑的阳光里。

院子虽然很小,但种植着无数的草木,既有在冬季结果的南天竹,还有夏季枝叶茂盛郁郁葱葱的柯树等,颇有大户人家的庭院具有的那种情趣。阳光透过枝叶斑驳地倾注下来,并不断地晃动着。多美眺望着院子里的景致,感到万分地满足。

市村已经不再来说什么了。与市村中断幽会的时间还不到一个月,但多美觉得那个叫"市村"的男子已经在她的记忆中远去,只是在她脑海里一个深远的角落里。石堂向她提起汉城的事以后,一时间里她的心还牵挂着石堂,这天晚上一回到家,多美也不去想他了。

现在,多美的内心非常平静。那是一种她再也用不着去刻意摆脱束缚的平静。

自己内心里的小鸟,不会再歌唱了吧。多美心想。小鸟用不着再编织恋情的诗歌,情感的风暴再也不会袭击到她的身上。那种极其妖艳的、像火焰一样的激情,在她的心里再也不会爆发。

多美在心里暗暗地下了决心,尽管这个决心下得莫名其妙毫无根据,但她感到十分满足,好像是在庄严地迎接自己安稳而幸福的晚年。她甚至还觉得,所谓的晚年,原本就应该是这样的,这与年龄无关。

多美拿起一个石堂送来的桃子,端到鼻子尖,闻着桃子散发的香味。桃子的外表覆盖着一层细细的绒毛,如少女的面颊一般润泽。只要用手一触摸,指尖就会抠进果肉里。也许里面裹着充足的果汁吧。这么一想,多美的嘴里便涌出了唾液。

多美走到屋檐下,赤着脚在檐廊里晃来晃去,一边剥去桃子皮,像啃西瓜似的用坚硬的前齿咬着。她陶醉在果肉的甜蜜里,不仅她的下颚,就连她的面颊和鼻尖,都弄得满是湿淋淋地滴滴答答溢下来的果汁。多美啃咬着桃子,头脑里瞬间充塞着浪漫的想象,心想石堂也许还没有睡觉,也许他根本就不打算睡觉,而且他也许一生都不会再睡下了。

多美把淌着果汁的中指和食指含进嘴里,一边啜着,一边眯起眼睛,打量着院子的各个角落。她轻轻地打了一个喷嚏。

油蝉的叫声随即就抹去了她的喷嚏声。现在,多美变得非常天真,她什么也不想,只顾啃咬着桃子。

独角兽

女人三十二岁,已经到了不能称为"女孩"的年龄。

但是,女人知道自己在男人的眼睛里,总是像一个小女孩。不知道是因为她体态轻盈,还是因为她身材窈窕,还是面颊胀鼓鼓的,使她的整个脸庞像一个小女孩,或是因为玩世不恭的举止会让人联想起少女的形象,总之只要女人在那里,男人们就会经不住引诱似的往她的身上靠,简直令人感到不可思议。

有人约她,拒绝的话嫌麻烦,于是便跟着去,男人要她做的事也都千篇一律。女人对这样的事情已经习惯,因为都是同一件事,好像盖图章一样。

仰天躺着,还不十分熟识的男人的手指和舌头在她的身体上爬行着,她对这种事已经习以为常。她已经习惯于发出愉悦的喘息声。她已经学会按照男人的要求,为男人做出各种奇怪的姿势。

最后回家时,男人给她几枚一万元的纸币,她已经能默默地接过来,塞进自己的手提包里。接钱时的手势也非常灵巧,内心里丝毫没有感到不妥。

然而,男人离开房间,只剩下自己一个人的时候,女人也总是在想着同一件事。

就是,希望自己快快长大。

她希望自己年龄再大一些以后,既不是女人,也不是女孩,像一支用过的残烛似的,孤零零地站立着。

在镰仓的老房子里,住着一位版画家。他是女人打工的那家酒店里的常客。他正在寻找家政妇,于是便问女人:你,不想来试试?……

这是一家很低级的酒店,紧靠窗户底下流淌着一条臭水沟,酒店里臭气熏天,招牌上写着"高级居酒屋",这是蒙人的。

女人在来这家小酒店打工之前,已经做过各种各样的工作。她曾穿着工作服在一家小企业的总务科干过,但那种工作不合她的脾性,她打过的零工大多与饮食店有关。

有位客人一边喝着烧酒一边将手指伸进口腔里,用指尖剔着牙缝里的烧鸡渣滓。这样的客人会和版画家凑在一起,这种组合总是让人难以置信。

女人与这位客人也曾几度共眠,也许因此更会有一种不和谐感。

客人经营着一家不动产公司,在做旧房子的中介时,认识了那位版画家。版画家有着一种艺术家的气质,很难侍候,但一旦遇到现实问题,便会束手无策。这位客人很爽快地接受了他的求助,介绍业者为他割院子里的杂草,还为他修缮旧房,这样一来二去,虽说关系还不是十分密切,却也已经心思相通了。

据这位客人说,版画家看上去不那么有钱,单身生活,需要有一个能帮助他料理家务的人,他曾经向这位客人打过招呼,说如果有信得过的人,希望能介绍一个……

那个人,他有多大岁数了?女人问。

"这个嘛……大概有五十岁了吧。"

"夫人和孩子,有吗?"

"已经分居了呀!为什么分居,我不知道。那位先生,你根本猜不透他在想些什么。不善辞令,没有必要就不会开口说话。平时很少有笑脸,所以有时还怀疑他是不是在生气,不料却也不是生气。嘿,人们说的艺术家,也许都是那副模样吧。"

"住在他家里?"

你想?客人脸上忽然绽开了贪色的笑容:"是钟点工,是钟点工啊。或许,你觉得还是住在那里,陪着睡觉好?嗯?"

女人朝客人轻轻地瞟了一眼,有些看不起他的样子,嘴里轻轻说了一句:"混蛋。"于是,客人抽动着咸鳕鱼子似的嘴唇,越发色迷迷地笑了。

女人居住在大船。说起镰仓,离女人的住宅很近。客人说那位先生是搞版画的,这究竟是什么样的工作,女人还不十分清楚。在她的脑海里,只能够想象出在幽静的画室里孤寂地工作着的、脸色苍白的中年男子的形象。

为难侍候的艺术家打扫房间、做饭、修剪院子里的草,此类事情可以轻而易举地应付过去。如果说他这个人沉默寡言,那就更求之不得了。

陪着满嘴荒唐话的男人,为他烫酒,面对男人下流的玩笑话,还要温顺地赔笑脸,不觉时间飞逝,等到清醒时,霓虹灯已经光怪陆离了,然后就是躺在廉价旅馆的床上。每天过着这样的生活,不知道过了多少年,女人早已经腻味了。

渐渐地,女人想要过平静安稳的生活了。纵然那位版画家向自己伸出手来,也只不过是如此,这正中下怀。如果对方是那么喜欢文静的男人,女人甚至觉得在佣金中加入睡觉费也无妨。她对那样的事已经能淡然处之了。

这时,女人才第一次发现自己对这臭水沟里臭气与酒气混杂在一起的气味,从心底里感到厌恶透了。

试试看吧。女人说道:"不过,那位先生,他同意我去吗?"

"我去说说看吧。"客人一口答应,"岂止是同意,也许会垂涎三尺呢。"

"你,这话是什么意思?"

你知道我说的意思。客人诡秘地一笑,小声说:"可是今天夜里呢? 我们已经有很久……怎么样?"

女人只是厌恶地蹙起眉头;没有回答他的话。随便吧。那样的事情,全都是顺其自然的。

就像流动着的水那样,顺其自然地生活着。女人心里暗暗地想,今天夜里还是那样吧。

女人没有接受过正统教育。她没有想赚钱、想和有钱男人结婚之类催人奋进的志向,与为了某种目标而生存的生活方式也毫无缘分。

女人总认为原因在于自己的家庭不好。她曾经诅咒过自己的父母。然而,近来她也不去想那样的事情了。

女人心里想,自己即使接受过与别人同样的教育,也会对社会上的事漠不关心的。她不喜欢看报,也很少看电视新闻,她根本就没有听音乐、欣赏绘画、观赏电影之类的乐趣。她记得自己手上最后一次捧着称为"书"的东西,离现在已经是非常遥远的事了。

然而,女人从很早的时候起,就开始注意到自己内心深处有着静静的、然而却是狂澜般的风暴。风暴从她懂事的时候起就开始了。因为在内心如同狂澜一般的时间已经很长了,所以女人有时猜想,这样的话,自己大概会生出一个狂野的孩子来。

然而,女人不知道如何用语言来表现自己这样的感觉。女人不善于表述,不会把某种感动、喜悦的心情或郁闷的情绪变成语言表达出来。

因此,在女人的情绪中,长期郁积着无法用语言表现的情感,而且越积越多,无处发泄,有时她甚至觉得自己已经无法动弹。

女人不会发泄自己的情绪,只好依然这样浑浑噩噩地生活着,从来不表露自己的心迹。她的脑海里从来就没有"这样下去行不行"之类的不安。

只要有男人向她伸手,她就接受。和男人一起睡到天亮,起床,再迎来黑夜。这样的生活,只要默默地接受,就能平静地过下去。没有必要去回顾它,已经过去的日子只是如同死了一般。

因此,在版画家的家里帮佣的时候,即使走进画室,面对着版画家雕刻的许多作品,女人的脑海里也浮现不出任何话语来。

事实上版画家制作的版画都非常雅致。正在制作中的版画暂且不说,已经完成的版画都非常精美。

画室里淡淡地倾洒着冬日的阳光,四周染着柔柔的白色。在这白色的外面,隔着窗玻璃的院子里,竖立着冬天枯萎的树木。

女人伫立着一动不动,她的全身笼罩着某种无法言状的厚实的感动。也许可以用"漂亮"、"真美啊"之类的语言来表现,但女人保持着沉默,一句话也不说,她在心里一个劲地告诫着自己:我只是一个女佣。

版画家也沉默着。他从来不会回过头去思考那种幼稚的情愫。这里是我工作的场所——他只是这样硬逼着自己。

是硬逼着自己……这就是女人对版画家的最初印象。

他既不是愤怒,也不是在表现自己的不悦,只是用冷冰冰的目光,像冷水淌过似的眺望着走过他眼前的人。他有着一种忽然要把自己封闭在自己的内心里、紧紧地关上心扉的感觉。

听说他有五十岁,但外表看起来还稍稍年轻些,可以说估计不出他的年龄。

女人在没有见到他之前,头脑里想象出来的,是艺术家类型的苍白瘦削的身材,不料他长着厚实的胸脯,手臂上肌肉发达,因此,沉默寡言反而使他有着一种威严感。

女人不知道他为什么与妻子分居,孤苦伶仃地独自住在镰仓谷户的一个角落里。看起来他也没有情人,用不着害怕被妻子知道。打来的电话,一般都是画廊或与工作有关的人,版画家甚至讨厌去接那些电话——他让女人接电话应酬。

也没有朋友来访。在投递来的邮件里,没有一眼就看得出的私密信件。

版画家日复一日地把自己关在画室里,有时也跚跚地出去走一圈,他称之为"散步"。但不到两个小时他就回来,再次把自己关在画室里。

正儿八经能称为"吃饭"的用餐,一天只有一次。到了傍晚,他坐在女人准备好的饭菜前喝酒,女人说"我这就回去了",他"呃"地点点头。每天就这么一句话。

版画家从来没有向女人流露出贪婪的目光,或者有过好色的举止。岂止这样,在他的眼里,那里好像根本就没有什么女人。

版画家不正眼看女人一眼,也不和女人讲话。偶尔女人说"今天天气真好",他也只是点点头,不作回答。他要女人为他沏一杯咖啡到画室里,女人送去时,他头也不抬,只是说一声"谢谢"。

版画家养着一只猫。是一只全身雪白的大猫,名字叫"洁白"。猫很可爱,只是眼睛乌黑,仿佛凝聚着幽暗中的墨黑,还带着湿润。

情热的法则

这只猫与其说是可爱,还不如说和它的主人一样,有些硬逼着自己,给人冷冰冰的印象。但不可思议的是,它对女人很亲近,女人叫它一声"洁白",它就会靠上前来。

按照版画家的吩咐,给它喂食、换水,在洗手间的地上给它换砂,这也是女人的工作。

猫是不允许进画室的,所以版画家工作的时候,它就偎靠在女人的身边睡。女人在厨房里洗鱼剖肚,它就倚靠在她的脚边,"咪咪"地高声叫唤。

渐渐地,猫甚至愿意爬上女人的膝盖了。这白色的动物,像一个肥胖的婴儿那么沉重,女人马上就喜欢起它的重量了。

女人去版画家的家里帮佣,已经有两个月了。

三月底一个风和日暖的寂静的下午,在准备晚饭之前,女人走到院子里,陪着猫玩耍,版画家从画室里走出来。

女人不知道版画家在身后看着,她抚摸着猫的背脊,和猫说着话。

版画家对女人说道:"你是第一个啊,'洁白'这样亲近你。这只猫,以前从来没有和任何人亲近过。"

女人听到版画家的说话声,感到有些意外,马上站起身来,一边拿围裙揉着手,一边只是快快地说了一句:"是吗?"

女人知道应该再说些其他什么话,比如"我很高兴"啦,"我很荣幸"啦。

然而,女人不习惯那样的措辞。无奈,她只好不说话,于是版画家朝女人望了一眼。令女人没有想到,那是一种随和的目光。

远处,栗耳短脚鸭在啼叫着。女人从版画家的身边穿过去,脱去脚上的拖鞋,走进了房间。

版画家很亲密地把猫抱到膝盖上。这样的举动,在他是很难得的。他抱着猫,在日光室里的藤椅上坐下。那是一间小小的日光室。猫开始在嗓子眼里发出"咕咯咕咯"的声音。

"你知道独角兽吗?"

女人正在收拾居室桌子上的报纸,她回过头来,眨巴着眼睛。

独角兽?——这句话,她从来没有听说过。她心里在想,也许是外国的……中国一带的食物名字。

"在这里,"版画家抚摸着猫,用手指了指猫的头,"是头上长角的动物。当然现实中没有这样的动物。这种动物是想象出来的,只出现在神话里。就像小马那么大吧,是白色的。脑袋和身体都像马一样,下颚像山羊似的长着白色的胡须,头上长着一只长长的角,笔直地伸着,很美丽的。"

女人点点头。她的头脑里浮想起孩提时在哪个牧场见到过的白色小马。

"那种动物很难驯服。别看它那样,脾性可暴躁了,有时还会咆哮。不过,只有一个是例外,就是它只对纯洁的少女很温顺。它对清纯的处女撒娇,偎靠在她的膝盖上。独角兽就是有那么可爱。关于独角兽的绘画留下了许多,光看看就很有趣。"

版画家说到这里,把抱在膝盖上的猫放在地上,脸上微微地聚起笑意,望着女人。女人第一次看见版画家这样面带笑容。

"'洁白'简直就像是独角兽。它只对你一个人温顺,只被你一个人驯服。"

女人感觉到自己的耳根变得红热起来。

"你这么说……我不是什么处女。"

"我没有这样问你呀!"版画家毫无表情地说道,"我说的,是猫。"

女人伫立着低下头,紧紧地握着双手,望着修剪得很短的指甲。

"我也有过处女的时候……但是,那是很早很早以前的事了。现在,我已经忘了。"

"人人都是那样的吧。"

"我……很脏。"

"呃?"

"脏了就死心了。再怎样脏,也都是一样的,而且我和男人……"

女人说到这里,闭上了嘴。女人有着一种悲凉的情绪,心想自己大概说得太离谱了吧。

但是,版画家并没有在意她的想法,依旧坐在那里,平静地说道:

"我说的纯洁,不是那种意思。有的女人,即使与成百上千个男人睡过觉,也完全能保持自己的纯洁。与此相反,有的女人虽然只跟随一个男人,却也是浑身沾满现实生活里的污垢,恶浊熏人。幻想中的独角兽,正因为有着一种分辨那种女人的能力,所以才能够一直活在神话里。"

女人抬起头来,目不转睛地注视着版画家。她感到版画家的话很难理解,但又朦朦胧胧地能听懂他在说什么。

他是在教我什么深奥的事理,是在告诉我以前从来没有思考过的东西——她这么想着。

猫无声地走过来,把柔软的身体偎靠在女人的脚边。

"你瞧!"版画家说着,微微地笑了。

那是一种令人备感孤寂的微笑。

但是,女人感觉得到自己的心灵得到了净化,内心充满着自己都不敢相信的幸福感,她也笨拙地露出了微笑。

到了四月,女人有时也和版画家一起坐在桌子边用晚餐。

并不是版画家提出希望她一起吃饭,而是在帮佣的时候,版画家开始有事无事和她说话,女人专注地听着,随着时间的流逝,最后自然而然地"如果会喝的话就一起喝吧",于是便坐在一起用餐了。

版画家用平静的语调,向女人诉说着绘画、诗歌和小说,还说起在国外发生的、女人不太了解的事情,以及遥远的宇宙,有时还说起电影和话剧,还有音乐。

她觉得多听听版画家的话有好处,有很多话她听着也是一知半解。尽管如此,她总是非常入迷地听着版画家的絮叨。

版画家叙说时的语言,会一直渗透到女人的内心深处。但是,无论版画家使用什么样的语言,语调里总能感觉到冰凉凉的水在哗啦啦地流淌的悲哀。

那是一种无可言状、让人不知所措的悲哀。女人心里想,他为什么会这么悲凉呢?越是这么想,就越是觉得版画家不停地叙说着的语言,每一个词语都显得孤零零的,让女人感到极其忧伤,忧伤得难以自制。

在这样的生活中,不知不觉地到了太阳迟迟不落的季节,院子里充满着花儿的馨香。在风止雨霁的晚上,在附近流淌着的水渠边,传来青蛙的喧嚣声。

有时,女人到了晚上也不想回家。在伸手想斟酒却冷不防碰到版画家手指之类的时候,女人有时也会感觉到一阵麻痹似的愉悦。回家独自躺在被窝里,女人会产生一种幻想,幻想着自己被版画家抱在怀里。

我喜欢上他了?女人心里想。

女人从来没有过恋爱之类的感觉。平时总是男人情急慌忙地要求做爱,她只是有求必应。喜欢还是讨厌,痴迷对方还是被男人迷上,如此之类的情感,对女人来说,是一个未知的世界。男人与女人,就只是肉体与肉体的接触。

面对这样的女人,版画家叙说的语言变得更加丰富,语调更加充满着悲哀。有时能感觉到他不是在对着女人说话,而是在对着自己诉说什么。

词语在静静地、静静地流淌着。流逝的时间在词语的间隙发出潺潺的声响消失了。与版画家度过的夜晚是丰满而又让人憋得喘不过气来。

在叙说的过程中,版画家时而突然停住话头,流露出带着阴影的表情,目光凝视着空间的某一点。每次,女人都想要探找他目光前端的某种东西。

版画家忽然抬起头,用凝聚着哀伤的目光注视女人。女人知道他的瞳子里映现出来的,不是她的影子。正因为知道,女人也直率地注视着版画家。

在目光交织的隙缝间,羽虫在飞舞着,小小的飞虫发出"咿咿"的扑翅声,仿佛在呼唤:我才是现实。

那年五月,版画家用手枪击中太阳穴自杀了。

女人与平时一样,快到中午时去版画家的家里,窥探画室时,发现版画家脑袋打飞了,倒在地上。

画室的一面墙壁上溅满血迹,让人联想起紫酱红色的美丽绘画。

版画家没有留下遗书。警察来了解情况,女人颤抖着说:我什么也不知道。

版画家的妻子和儿子从东京赶来了。妻子有着奇怪的体型,面孔很小,像母鸡似的,唯独脸部和腹部凸出。儿子长得瘦削,二十二三岁,也许是在哪家公司里当业务员,穿着深藏青西服,怀里抱着黑色手提公文包。

两人都根本没有走进画室去的意思,只是在居室里抽抽嗒嗒,坐立不安。

你是谁？妻子问女人。

我是帮佣的家政妇。女人回答。

妻子露出厌恶的表情望着女人。这是一副轻蔑的表情。

什么自杀！妻子咬牙切齿地说道，后面又吐出了一句：有这么烦人的！

妻子的眼睛里有流泪的痕迹，但这不是悲伤或气愤或惊讶的眼泪，只能看作是冷不防被卷入天灾人祸时的眼泪。

女人把版画家养着猫的事告诉妻子。在警察进出的繁忙当儿，它不知去哪里了，但早晚会回来的。女人问妻子怎么办才好啊。

妻子回答说：猫这样的东西，我们不能领回去收养，我讨厌动物，何况这猫是丈夫自己要养的。

但是，如果不去管它，会变成野猫的。女人说道。

妻子催促着儿子去了走廊，两人嘀嘀咕咕地说着什么。不久妻子返回来，把用薄纸包着的小纸包递给女人，说是喂养猫的钱。

女人转过脸去，没有接受。妻子马上把纸包收了起来，只是说了一句：拜托你了。

白猫没有回来。女人久久地等着它，但是它没有回来，简直就像为了悼念主人的死亡而去冥冥的远方送葬了。

女人每天用她原来帮佣时配的钥匙去版画家的家里。因为她觉得，万一猫突然回家，家里却没了人的气息，这太可怜了。

版画家的妻子说，房子必须到夏天才能够打扫。不知道是什么原因，也许是怕麻烦。

到夏天之前，房子就这么扔着没人居住，所以水电煤全都中断了供应。因此，女人不管什么时候去，房间里都显得很昏暗。因为无法烧水泡茶,女人去时还带着小瓶矿泉水。她心里想,如果猫回来的话,就和它分着喝。

版画家开枪打脑袋自杀的画室,业者已经重新给墙壁涂了漆,变得很整洁了。她想起妻子说过,不能每次来整理房间都看着那满是血迹的墙壁。女人心想,如果换了她,她决不会那么做的。

那些血迹非常美。小小的、细如针尖的众多红点,就像冷不防被强风刮着横向散过来似的,宛如甜蜜的石榴果汁。女人心想,这是版画家在这世上最后留下的一幅最美丽的作品。

开始的时候,女人只是白天抽空来一趟,看看猫有没有回来。她吹着口哨,咋着舌头,呼唤着猫的名字,在房子的四周不停地探寻着。

厨房门的下边开着一个小洞,供猫自由出入。女人把盛猫食的盆子放在厨房角落,每天换上新的食饵。

但是,每天这么重复着,女人开始隐隐觉得,猫有可能趁她不在的时候回来。她只要把食饵放着,猫能回来吃到,也许就可以活下去。但她觉得,如果那样的话,猫会很可怜的。

不久,女人开始在房间里等猫了。等两个小时,三个小时……有时也在房间里待一个下午。

她丝毫也没感觉到这房间里不久前还死了人。女人没有感到害怕。房间里漂浮着的静穆,与以前没有丝毫的改变。她仿佛觉得,此刻画室的门静静地打开,版画家从里面走出来,将手臂伸进轻薄的外套衣袖,脸上毫无表情地说要出去散步。

版画家平时的生活状况,版画家的忧伤,依然清晰地留在这房间里,也许只是时间的轴心稍稍有些倾斜罢了。

即使在房间里,也没有事情可做。女人只是默默地、呆呆地坐着,望着院子。

女人想起版画家对她诉说的每一句话。"回想"变成了留给女人的唯一的喜悦。

女人屡屡在头脑里浮现的、而且不厌其烦地回想着的,是有关独角兽的话。

女人清楚地记得版画家向她说起独角兽时那宁静的表情,沉稳的面容,微微露出笑意的嘴唇的蠕动,注视着她时眼睛深处凝聚着的小小的光亮。

开始下雨了。昨天、前天都下雨,还以为雨要停,不料又下起来了,是像梅雨季节似的哗哗的雨帘。

还只是傍晚,四周却已经有些昏沉。院子里笼罩着薄雾似的暮霭,仿佛流淌过去的淡淡墨汁。

传来雨滴敲打树梢和茂盛的草叶的声音。雨滴滋润着泥土,泥土散发着清香,清香里混杂着树液和果实的馨香。

我在等待什么?女人渐渐地不明白起来。是白猫?还是独角兽?抑或是版画家?

女人仿佛觉得在雨幕下的院子深处,在带刺的山楂丛中,白色的、美丽的、长着一只角的幻想中的动物,眼看着就会出现。女人觉得,随着独角兽的出现,版画家也一定会回来的。

女人觉得自己的心灵非常清新,清新得十分忧伤。

女人只是一个劲地等待着。

山田咏美

  1959年生于东京,1985年以《做爱时的眼神》获第22届日本文艺奖,从而跻身文坛。1987年以《恋人才听得见的灵魂乐》摘得直木奖,1988年凭借《风葬的教室》获第17届平林泰子文学奖,同年出版的《跪下来舔我的脚》为半自传小说,因其大胆的性描写引起了广泛争议。在此之后,她又以《垃圾》夺得第13届日本女流文学奖,1996年问世的《野兽逻辑》也获得了泉镜花奖。她的小说以男女间肉体的吸引为起点,最后升华为一种对人与人生的爱怜。

黑色的绸子

　　帕西最近已经成为玛莉亚的专属情人。他穿着麻纤维套装,头顶上戴着一顶巴拿马帽子,一副远古时代萨克斯演奏家那样的打扮,平时总是形影不离地跟随在玛莉亚的左右。但是,他的那副打扮显得并不过时和陈旧,因为他还非常年轻,是一个拥有最美好身段和体魄的黑人。

　　他在一侧的耳朵上钻孔戴着一个金色耳环。

　　傍晚时分,玛莉亚在酒吧的角落里喝着马丁尼鸡尾酒,等着帕西。她下班后已经累得迷迷糊糊。这种迷迷糊糊的感觉,令她感到非常惬意。她尽管神思恍惚,但只要帕西走进酒吧里来,她马上就能够感觉到。这是因为他的耳环即使在昏暗的酒吧里也闪着亮丽的光辉,开启着她内心里的眼睛。

　　帕西是玛莉亚的女友们介绍给玛莉亚的。他有着许多女友,那些女人各自都拥有一份值得炫耀的工作,赚着足以令自己变得更完美的钱,刚刚体会到人生的忧郁。那些并不年轻的女友们与她同类,漂亮而略显憔悴,深谙如何处理紧身裙的下摆。

　　她们的身边大致上都有着被称为"贝比"这一类型的男人们。那些男人年轻、快乐,同时具有性的魅力,有着风流倜傥的外表,却非常贫困。在她们的眼里,"贫困"绝不意味着会减少男人的魅力,因为她们对男人的企盼并不是他们的阅历、地位或金钱。那些东西,她们已经全都拥有了。而且,她们已经不那么年轻,男人们不值得给予她们更多那样的东西。

那时玛莉亚没有"贝比",她对身边黏着这种类型的男人感到有些厌恶了。只要一黏上身,那些年轻的男人们立即就会得意忘形的,太烦人了。玛莉亚知道那种类型的男人们用从她们这里得到的钱去买昂贵的衣服,再用从她们这里学到的性技,再去引诱像她们的女儿那般年龄的女人们,想方设法把她们搞到手。玛莉亚对人生并没有产生怨倦的情绪,刚好勉强能够以大龄女性的宽容,容忍那种类型的男人们的胡作非为。

因此,帕西直接打电话到她的家里来,说是玛萨的介绍时,玛莉亚感到很厌烦,用一副蛮横的口气约定一起进晚餐。她觉得他能认出她来。玛莉亚吩咐他:穿最好的漂亮晚礼服来等我。我不喜欢男人身上的汗臭味啊,身上要抹好香水。尽管玛莉亚觉得只有不懂得风情的人才会为了进晚餐而使用香水之类的东西,但她还是这么对他说了。在高级餐馆里吃饭,她已经腻味透了,所以心想那样的毛孩子看见女人都很眼馋,就与这位经朋友的介绍恬不知耻赶来的毛孩子一起消磨消磨时间吧。

玛莉亚赶到餐馆时,在预订的餐桌边,还不见帕西的人影。玛莉亚在候客吧台边要了一杯餐前酒,在吧台前坐下,拿出一支烟含在嘴里。她非常清楚自己即使做出那样的姿态,外表看起来也不像是卖淫女。她自信自己这样的年龄不是靠着打扮活过来的,所以尽管知道自己并不年轻,但还是痛痛快快地接受了自己有魅力的事实。

有好几只手向她伸过来,她选择从一只粗壮的黑色大手的手中点火。那不是高级打火机,是一盒从兼售化妆品、杂货的药房里买来的火柴。她把嘴角凑近那个点烟的火,一边在心里暗暗地思忖着:这是一个年轻男人啊。她悠然地点燃烟头吸着,使火在短短的火柴杆上迅速滑去,像导火线一样移动,开始烧着了男子的手指。

男子一边被烫得甩着手,一边甩灭了火,说道:

"你把我点着了。"

玛莉亚抬起头,见到了像少年一样流露着无邪的微笑的帕西。她猛然不知道说什么才好。他的样子丝毫没有她想象中"贝比"特有的那种赖皮和媚态。在这样的地方,他的表情显得格外善良和讨人喜欢。

"你一眼就认出我了?"

"当然。玛萨说你是一个腿部长得很漂亮的女人。腿部漂亮却不是卖淫女的女人,只有你一个人啊。"

玛莉亚下意识地打量了四周。在高级场所里,群集着等候被人选中的娼妇。而且,她们已经把自己锤炼得比贵妇人还要贵妇人。那副模样,与这样的场所是多么地相称。

"你怎么知道我不是娼妇?"

"因为你的指甲上什么也没有涂。"

帕西这么说着笑了,流露出灿烂的笑容。

玛莉亚觉得他这张清纯的笑脸,与这成人们的邪恶场所最不相符了。而且,这样的想法,使一股比这样的场所更邪恶的情感在她的身体深处涌出,这令她有些惊慌失措。我是为了和年轻狂妄的男人逗着玩,才来到这里的……

用餐时,玛莉亚差一点儿忍俊不禁。她曾嘱咐过帕西,要他穿漂亮的晚礼服来。帕西严守承诺,穿着砂色的麻纤维套服,戴着趣味十足的领带。然而,他的上衣里面却没有穿衬衫。那条细细的领带,是直接系在他皮肤上的。

"你为什么不穿衬衫?"

"我想穿一件黑色的衬衫,但是我没有,所以只好这样了。"

他这么说着,把黄油夹在煎薯饼里。

她清晰地感觉到体内流淌着与这煎薯饼的夹缝间融化着淌出来的黄油同样的东西。

"你的皮肤就是黑色的绸子衬衫? 嘿嘿,不过,你成功了!"

她这么说着注视着他。帕西感觉到老女人那意味深长的目光,腼腆地俯下了脑袋。

"嗳,你和玛萨睡过觉了?"玛莉亚问他。

帕西对玛莉亚的提问惊讶得碰翻了葡萄酒杯。直到男侍者飞奔过来,他还是一副不知道玛莉亚问话含义的感觉,愣愣地注视着玛莉亚。

"你不要做出那样一副表情呀! 你来这里,到底是干什么来的? 你不就是为了赚钱,想和有钱的女人睡觉吗?"

玛莉亚从开始见到帕西的那一刻起,就知道不是那样的。现在她毫不犹豫地想和这个男人睡觉。因此,她当然是在试探着对方,也为了不白白地浪费上床的时间。她已经知道献媚想要获得奢侈的年轻男人不会令自己喜欢。

"我现在没有男朋友,所以……我想请朋友牵线搭桥……"

这次轮到玛莉亚感到吃惊了。

"请朋友牵线搭桥? 就是男妓们常干的那种事? 你估计我的年龄是多少?"

"我不知道你有多大,但男孩子去见女孩子,就是为了那种事,我觉得很自然的呀!"

玛莉亚惊得连口齿也变得不伶俐了,竟然称自己是"女孩子"。

而且不知为何,她的心情变得愉快起来。

帕西流露出一副认真的表情。他丝毫也没有感觉到她讲出了令人觉得恬不知耻的话。这位年龄快成为他母亲的女人,竟然讲出"女孩子"这样的话来,他丝毫也没有觉得奇怪。

玛莉亚知道与那些围着自己和女友们不肯散去的年轻男人们相比,帕西是一个截然不同的人种。这在她的心里涌出了久违了的欲望。

"反正……"她说道。

"你的身上被葡萄酒洒湿了。你穿着湿了的套装吃饭,不舒服吧。"

帕西老老实实地点点头,用餐巾纸擦了擦嘴角。

离开餐厅时,他做出一副绅士的模样,抚着她的后背,那时她想起是自己打电话让他作出承诺的。

"你能遵守我说的话,我很高兴啊。穿着套装戴着领带,忘了穿衬衫就来了,但香水……"

帕西露出一副不可思议的表情。

"香水,我没有用。"

他用力地闻着自己上衣里的气味。衣服里只是散发着葡萄酒在体温的作用下蒸发的香味。

玛莉亚坐在办公桌边埋头工作着的时候,或者在商讨自己代理的作家们与出版社之间的合同时,都会冷不防想起帕西的身体而变得面红耳赤。从各种不同的意义上来说,他是一个很真诚的男人。在床上时,他不停地喃说着"我要……"玛莉亚觉得他的喃说一定是真诚的。她有着这样一份矜持,她能宽容男人的谎话,也深谙在男人的话语中洞察真实的技巧。

那天,玛莉亚带着帕西去自己的房间,让他干一干被葡萄酒浇湿的上衣。

他进屋时诚恐诚惶,不断地打量着四周。

"你穿这件衣服吧。"她拿出一件男式的棉套衫。

"这是谁的?"帕西故意恶作剧似的问道。

"请放心。这是我的呀!收藏以前男人的衣服,我没有那样的兴趣。"

脱去上衣时,他显得非常犹豫。她问他"怎么啦",想起他里面没有穿衬衫,便忍不住想笑。

"我已经不是那种一看见男人赤裸着的上半身就惊慌失措的年龄了啊!"

"我会惊慌的!"

"为什么?"

"因为我会有做爱冲动的。"

"如果做的话呢?"

玛莉亚注视着表情困惑的帕西。

"你又不是男学生,女人把男人带到房间里来的意思,你不懂吗?"

他没有回答玛莉亚的话,解开领带,脱去上衣。玛莉亚抱着手臂,注视着他脱衣服的动作。玛莉亚的举止完全是一个成熟的女人。

帕西转过身去,把背对着她,他的后背感觉到她那火辣辣的目光。而且,他好像要护着自己的后背似的,飞快地穿上套衫,遮断了已经在她与自己之间飘荡着的性的气息。

"我们说说话吧。"帕西回过头来说道。

玛莉亚简直不敢相信自己的耳朵了。她心里暗暗地想,这个男人,也许真的还是一个孩子。深更半夜里,男人和女人待在一个房间里,竟然是"说说话"?她察觉到自己邀请男人到自己的房间里来时,自己的节奏就已经完全被打乱了。她不由深深地喘了一口气。算了,没有那份兴致。她把饮料分成两份,和帕西在躺椅上坐下。

他非常诙谐地讲着自己的家人和朋友,逗玛莉亚发笑。

她开始时对帕西感觉到的欲望已经泯灭,入神地听着他说话。她甚至开始觉得,与其理所当然地做爱,天亮后分手,还不如这样,要有趣得多。两人谈笑着,虽然喝着酒却保持着清醒,气氛轻松,两人变得非常融洽。

"我在那家餐厅里见到你之前,我心里还在想,来的男人肯定是为了寻求女人的身体和金钱呢。"

"现在呢?"

"那样的感觉一点儿也没有了。我很喜欢你啊,帕西。我把你带到这里来时,还稍稍有些不正经的念头呢。真对不起了。"

"像你们这样的女人,对睡觉的事,为什么那么不在乎呢。"

"我只是觉得,如果睡觉的话,事情要简单得多了。"

"是装出一副大人的模样吧。"

见帕西这么说,玛莉亚笑了。

"本身就是大人。"

不料,帕西突然抱着她吻她的嘴。她还没有反应过来是怎么回事,头脑里一片混乱。她心想帕西没有情趣把与她的关系往这个方向发展,所以已经不把它当回事了。她惊慌得不知所措,以至于长长的接吻以后,他用双手捧着她的脸喃说着"我爱你"时,她还是一副木然的神情。

"你没吓着?"帕西笑着说道。

玛莉亚不知为何感到很害羞,俯下了脸。她想起很早以前,还是少女的时候,自己接吻以后也是这样怕羞的。

"去床上呀!"

"你不感到太突然了?"

她这么回答之后,一走进房间里,便觉得自己想要请帕西上床的举动,会让他更感到"突然",于是她的面容又变得通红。

事到如今她觉得自己已经忘记了以前经历过的各种事情。男人和女人之间的"突然",其实是绝对按照顺序来的。坐在躺椅上说着话,接着接吻。这种事情是不合道理的。她自己就的的确确有过令人感动的时代。

帕西就像抱着疼爱着的女人似的抱着玛莉亚。而且,她也理所当然地像让喜欢的男人抱着似的让帕西抱着。相互之间还没有感觉到对对方的爱,但已经萌生了爱的情愫。

两人不停地喘息着,喘息中包含着这样的想法。她决不想装出那种爱他的模样,而且他也决不会使用让两人都会产生那种想法的词语。相反,他不断地喃说着"我不想离开你呀!"她的眼眶里溢着眼泪,听着他这样的喃说。

他们如男女相见坠入恋情时都会做的那样,度过了一夜。两人就连筋疲力尽、在天快亮时打了个盹,都感到万分地满足。

早晨醒来,两人相视而笑时,帕西和玛莉亚已经俨然像是一对恋人。尽管如此,应该不应该给他小费?她为此还稍稍感到有些犹豫。而且,她为自己因这样的事感到犹豫而觉得害羞,她想起玛萨,便问帕西此事。

令人吃惊的是,帕西用毫无顾忌的样子说收钱。望着玛莉亚那张颇感扫兴的脸,他笑了。

"只是,收四分之一钱,打电话给你的电话费。"

她感到沮丧,叹了一口气。

见她这样,帕西吻她的嘴,问她:我是开玩笑的! 今天晚上,再能见面吗？她点点头，心情感到郁闷。她不知道为什么，觉得自己已经缠上了一件无法摆脱的事情。对帕西而言，无法摆脱的事情，就是昨天晚上来了玛莉亚的住处。对她而言，无法摆脱的事情，现在刚刚开始。

此后不久，玛莉亚接到玛萨打来的电话。因为那天晚上玛莉亚还要与帕西见面，所以下班后乘坐了汽车。

"听说你和那个孩子过得很舒意。"

一拿起听筒，就传来萨玛的声音。

"是帕西说的？"

"他说他迷上你了呀！说这话的时候，他的目光，完全是一副恋爱时的眼神啊！"

"我也恋爱了呀！"

"对不起，我听说后惊呆了。"

"为什么？！是因为他与我的年龄相差悬殊？"

"不是啊！是因为我的朋友们都被男人迷得神魂颠倒了。茜拉看见你和帕西在中华街上逛街，她笑着说，看见你们两人手携着手。"

"感到奇怪？恋人之间携着手，她感到奇怪？"

"我没有说奇怪啊。不过，我把帕西介绍给你，却没有那样的打算啊。"

"那孩子不收我的钱。他和围着我们打转的那些男人不一样啊。"

"现在这个时候，你这么想，我不怪你，以后你不要哭啊。"

"你是说我？"

"是我们两个人啊。我告诉你吧，你都知道了？那个帕西，他为了想要一件和你吃饭时穿的西服，来向我借钱了。"

"借钱？！"

"我说,如果和我睡觉的话,我就借给你。"

"他说什么?"

"他说,他只有一套衣服,如果那样的话,他就一直穿那套衣服啊。这孩子非常傲气呢。他说他现在就只想和你做爱。"

"是吗……"

"你在哭了?我想说的就是,玛莉亚,你要当心啊。你刚才说是在恋爱,但等到你清醒过来,那个孩子就只是一个美男子,却没有钱。而且你已经不年轻了,你会成为一个孤独的女人啊。恋爱之类的感情,到了这一把年龄,还是不要去想它的好啊。"

"谢谢你的忠告。"

"我不愿意让你责怪我啊。帕西是一个非常好的孩子,所以他能够理解你的心情。说实话,很早以前,我关照过这个孩子的生活啊。这个孩子很懂事,做成年女人的'贝比',他完全知道啊。"

"连我自己,都是到处寻觅这种男人的女人呢。"

"所以,在这期间,我们两人一定会体会到的。恋爱,是一种病啊!"

电话挂断以后,玛莉亚神思恍惚地望着镜子。帕西对自己的感觉,既有欢愉也有哀伤。

最近以来,她的头脑里尽想着帕西。在见不到他的日子里,她会感到不安,在房间里走来走去,不断地打转,冲动地想要给他写信,发现自己还不知道他的住址,便又颇感失望。她发现自己会为一些不起眼的小事而感到莫有名状的烦恼,她焦急地咬紧着嘴唇。然而一看见帕西的脸,便又会觉得那时的焦虑与这时相比,不足挂齿。玛莉亚心想,自己不在他的身边时,帕西究竟是怎么样度过的呢?

"嘿,我知道你的真实面目了。"

接到玛萨电话的那天晚上,两人一边在用餐,玛莉亚一边带着玩笑这么说道。这天,帕西还是整洁地穿着那件套装系着领带,不过里面还穿着一件新的衬衫。

"真实面目?我只是一名苦学生啊。我为了买一件衬衫,晚上就必须在七人制足球队里打工啊。"

玛莉亚感到胸口隐隐作痛。

"你陪过玛萨吧。"

"她把那样的事都对你说了?真没有办法啊。"

"和我交往,为什么不能像你和她交往那样?衬衫之类的东西,我可以帮你买。"

"那样的话,就没有意思了。"

"为什么?"

"你应该很清楚的……"

他这么说着,把手伸向玛莉亚的盘子。

"这个,你不吃的话,我来吃。"

"不行啊,我非常喜欢吃这个。"

玛莉亚这么说着,把最后剩下的一个扇贝放进了嘴里。

"你们这些人真奇怪啊。嘴上说,如果要钱的话,给你,但是就连一筷菜,都不愿意给别人。"

帕西用餐刀指着玛莉亚,这么说道。

"这个例子可以类比。嘴上说得好听,问你想要什么东西,心里却不愿意给别人。所以,和你见面时,我心里拿定了主意,心想和这个女人不能那样交往啊。玛萨现在和我是好朋友,但以前却是一个很腻烦的人。我一旦要为她做什么事,她马上就会从钱包里取出钱来作为回报。我只是想那样做而已,你疑心太重了。嘿,用得来的钱可以过上很好的生活,但是……"

"你为什么决定和我不那样交往?"

"这本身不就是恋爱了?"

帕西间不容发地说道,耸了耸肩膀。这一瞬间,玛莉亚为自己感到羞愧,甚至还为女友感到羞愧。如此简单的事,为什么没有察觉呢。

他一副毫不在乎的模样吃着餐后端上来的水果。玛莉亚缄然无言。

帕西还用一副安慰玛莉亚的口气说道。

"有钱,我不认为是一件怎么特别的事啊。西服,汽车,高级餐厅,这些都很好啊。但是,这些东西不只是人生的道具吗?什么年轻啦,还是不年轻,这些东西也都是一样的呀!"

"我不想听你高谈阔论说人生,物质会使人感受到生活的意义啊。"

"来,玛莉亚。"帕西做出一副很感动的表情,越过餐桌,握住她的手,"既然那样,我们就给它加上好的意义吧。"

他耳垂上的耳环闪着金光。玛莉亚心里暗暗地想,如果没有恋上他,在我的眼里,这样的耳环就绝不会显得闪闪发光吧。他是一位美男子,而且和自己有着性关系,只是仅此而已吧。她从心底里感觉到自己和自己周围的世界很可悲。

"帕西……"

他流露出一副"怎么了"的目光望着玛莉亚。

"那个扇贝被我吃了,对不起。"

玛莉亚这么说着,低俯下脸。

帕西怜爱地望着玛莉亚,心里充满着忧伤。

"如果你真的觉得过意不去,就给我补偿。"

"帕西,你真的很傲气啊。"

"我是大人。"他闭上一只眼睛,招呼男侍者准备结账,"是我请客你?"

"不用,如果要请我,就应该去汉堡包餐馆。"

"你不是大人啊。"

"只是贫困些。"

他们兴高采烈地离开餐厅。这时正值傍晚,吃完饭,街道上挤满着去看电影或跳迪斯科的恋人们。他们混杂在人流中,挽着手走着。他们的去向,是玛莉亚的房间。

帕西脱去上衣,解开领带,玛莉亚不时地眺望着他。他还是戴着第一次见面时戴着的领带。玛莉亚心想,这么说起来,他总是戴着那根领带。他也许只有这么一根领带吧。

"这根领带,快要磨破了。"

"每次来见你,都要解开来,所以损耗肯定很大啊。"

帕西这么说着,笑了。

玛莉亚不由得抚摸着自己的面颊。她感觉到面颊比平时光滑,于是她觉得安下心来。

帕西对她的那副神情满不在乎,只顾着脱衣服准备淋浴。

不一起去浴室洗澡? 帕西望着玛莉亚,用目光催促着她。

她体会着在身体内洋溢开来的幸福感,一边把脑袋靠在帕西的肩膀上卸去耳环。领带会磨破,但笼罩着她的黑色的绸子眼下还不会磨破。

眷恋的眼神

看到那名男生的目光时,我不知为什么,内心里总会感受到一种强烈的眷恋之情。那样的情感究竟是出自什么样的记忆,我一下子还想不起来。

那时,我还在读初中三年级,总觉得在那样的年龄里是应该怀春的,所以一种郁闷的情感,像雾一样笼罩着我的胸膛,湿润着我的心田。这时,我感到诧然,头脑里一片混乱。

他,相泽干生,站在讲台上,用清澈的目光,打量着教室。我们都充满好奇地注视着这位转校生,私底下悄悄地说着话。他一动不动地站立着,听着班主任老师介绍着自己。

"……从今以后,相泽开始和你们在同一个教室里学习。离毕业的时间很短,希望大家友好相处。相泽,你也来对大家说几句吧。"

老师催促着望着他。但是,他只是站立着不动。我心想他也许会很紧张吧。我抬起头望着他。然而,他非常镇静,丝毫也没有紧张的神情。而且,他瞪大着他那清澈的眼睛,好像在望着什么。

他在望着什么?我一无所知。在我的眼里,他仿佛是在望着自己,望着只能在空气中看见的他自己。就是说,他在开小差,他只是让大家都能够感觉到,老师说的话,他压根儿就没有听进去。

老师咳嗽了一声,她的脸变得通红。

"喂,相泽,喂,你听着吗?"

他忽然回过神来,一副惊讶的表情望着老师。

"向大家问好,你会吗?"

他微微地耸了一下肩膀,低下了头。我们一下子都哄笑起来。

他和我们是同龄,在这样的年龄里,竟然会有那么超脱的神情,这令我们都感到很惊奇。我们全班同学几乎都很不喜欢班主任老师,所以像他这样的态度,我们都感到大快人心。

老师在教室的最后一排为他准备了一个座位。他走到座位上去的时候,我们都和他相互交换着眼神。

于是,干生就成了我们班级里的一员。

干生决不会自己主动地与同学们交谈。他那悠悠然的神情,足以引起大家对他的兴趣。

到了下课休息的时候,几名男同学走到他的身边和他搭讪着向他提问。不远的地方,女同学们竖起着耳朵,倾听着他们的对话。大家都想知道这名快到结束时才转到我们班级里来的转校生的秘密。但是,干生与男同学们交谈着,非常灵巧地回避着私人性的话题,所以有关他在以前学校的事情,我们知道得不多。

"很了不起啊,相泽君,棒极了!"

"一副大人的模样。"

我和要好的女孩子们私底下都在这么嘀咕着。

转校生与我们平时看惯了的同学们相比,总显得超然脱俗彬彬有礼。在我的眼里,他就是这样不羁。在遭遇到他的目光时,我会油然产生一种怀恋的感觉。我探索着内心里这种情感的由来。

这个人,我第一次遇见,为什么我的内心里会产生那样的感觉,这并非不可思议。我寻觅着沉淀在自己内心深处的记忆,但依然无法找到答案。我感觉到自己简直好像怀里揣着一个无法解决的谜,我惴惴不安地探索着自己。

自从那天以后,我每天的日子都过得有些惘然。在上课时,或者在课间休息时,只要是在学校里,我几乎一整天都会偷偷地看着干生。当然,他是转校生,很引人注目,总是吸引着同学们的目光。但是,我注视着他,并非出自好奇心。我无论如何也希望能够抹去内心里那份焦虑的情绪。

我从来没有为自己想要回忆什么却怎么也想不起来而感到生气。我有时简直是以咬牙切齿的心情注视着干生,目光怎么也不愿从他的身上离去。

他好像总是在开小差,显得心不在焉。说他"心不在焉",这样的说法也许很不正确。因为他的目光始终好像很认真地注视着什么。但是,他注视着的目标又好像是虚无的,实际并不存在。他注视着某一点,好像空气中飘浮着某种对他来说特别重要的东西。

他究竟在注视着什么呢?我有时把自己的目光焦点沿着他的视线移去,当然在我的眼睛里,什么都看不见。

在他那连眼皮都不眨一下的眼瞳里,总是蒙着一层淡淡的泪膜。我看着他的眼瞳,实在无法摆脱心中的那份惘惑。我觉得他是在认真地思索着什么,这是确凿无疑的。

"呃,亚纪,你可以去问问他啊?"

一天,好朋友春子难以启口似的问我。

"什么事?"

"你呀!……大家都在说你,你喜欢相泽君,没有吗?"

我大吃一惊,不由得用手指着自己的胸前。

"你是说我?为什么?"

"大家都说,你总是望着相泽君发愣啊。"

"有那样的事……"

我露出困惑的表情,怔怔的,不知道说什么才好。我注视着他,这话不假,但我绝没有痴情于他这种情意绸缪的感觉。

"我没有那样的事啊。不过,我是那副模样吗?"

"嗯,就是那样的。"

"糟了。"

我为了消除并非出自我本意的传闻,决定暂时不去看他。

不料,结果我的举止反而变得更加拙笨,连我自己都觉得身上在冒冷汗。

自从见到干生以后,在短短的几个星期里,我已经养成了偷窥干生的习惯。

在上课的时候,干生被老师点名在座位上站立起来,班级里的同学就会把目光一齐朝向我。我的背脊能够感受到他们强忍着的笑意。我为了让大家都觉察出自己的感觉已经错了,便故意装作平静的样子,但我越是那样故作镇静,就越是面红耳赤,额头上直冒冷汗。我感觉到自己想哭。

事情为什么会变得这样?我望着干生,只是在寻找着自己内心里无法解决的问题答案。是我自己太毫无防备了。

我为自己感到惊讶。对面临考试的学生来说,恋爱的小道消息,适逢其时,正好可以用来转换他们那紧张的情绪。

一次,放学以后,大家商量着有关秋季学校文化节的事。各个班级里要选出男女各一名文化节组织委员,因此班委会委员提出要增添候补委员。

一名男同学举手说道:

"选相泽和亚纪怎么样?"

大家一起鼓起掌来。我为了不让同学恶作剧拿我开玩笑,一直低着头,但果然不出所料,我越是逃避,他们就越是要揣测我的感受。

班委会委员显得有些为难。

"亚纪可以,但相泽君刚刚转校到我们这里,怎么办啊?"

"可是,在毕业之前,我们帮助相泽留下一个美好的回忆,这不是很好吗?"

"是啊,是啊,两个人可以朝夕相处,而且……"

大家都是一副不负责任的样子傻笑着。

我不知道事情为什么会变得这样,我低俯着头,强忍着眼泪。我已经说过几次,我望着干生,只是想要寻找出内心里那种眷恋情感的源头。

这时,干生站起身来。

"我干。如果刚刚转校来的同学也可以担任的话,我愿意接受。"

"有种!"

男同学们吹着口哨,拍着手,催促着我和干生站起来。

我低着头一言不发。女同学们很同情我,想要反对他们的提议。

"你们不要再闹了,亚纪太可怜了。"

"你们说什么? 可是,亚纪喜欢相泽,大家都知道啊!"

"就是啊。我们是在帮她啊。"

"大家静一静! 我们来表决,少数服从多数。同意的人,把手举起来。"

班委会委员提议道。

男同学们全都举起了手。于是,起初还在窥察情况的女同学也开始举起手来。只有包括春子在内和我关系密切的几名女同学,一副抚然的表情,将手肘搁在桌子上没有动弹。

"决定了,就这样。"

提出建议的男同学高兴地说道。

这时,干生站起身来。

"可以回家了吧。"

班委会委员还没有回过神来,他就抱着书包,走到我的座位边,低头望着我。

"一起回家吧。你是住在吉祥寺吧,我也要乘坐中央线的。"

我颇感意外,只是抬起头骇异地望着他。

干生直接对着我说话,这还是第一次,而且是在众目睽睽之下。

我本能地点点头,诚恐诚惶地站起身,开始作回家的准备。这时,我已经是破罐子破摔的心情。

反正,这样下去,我再怎么使性子,传闻也不会因此而消失。

我和干生两人一起走出了教室。"真勇敢啊!""有胆量!"男同学们的感叹声在我们的身后响起。

我和干生默默地走了一段路。我和男同学结伴走路,这还是第一次,内心里忐忑不安,但我觉得应该把自己的想法告诉他,好不容易才开口说道:

"嗯……大家说的那种事,我根本没有想过。我不知道那样的传闻怎么会传出来的。……"

干生侧着脸朝我瞥了一眼,笑了。

"我知道啊。不过,你一直在看着我吧。"

我感觉到血液涌上我的面颊。

"你注意到了?"

"嗯。我还在想,不知道你是怎么回事呢。"

我叹了一口气。他知道我在注视着他。而且他已经发现,在我注视着他的目光里,并没有混杂着初恋之类甜蜜的情感。

我仿佛觉得自己得到了一个"同觉",感到心情变得轻松起来。

他好像是一个善解人意的人。

"其实吧……"

我开始向他诉说第一次遭遇他的目光时起就一直留在内心深处的疑问。他津津有味地听着我的诉说,只是不时地侧过头来,一脸的疑惑。

"不过,我刚刚搬到东京来住,而且应该是从来没有和你见过面吧。"

"嗯。这我知道,但看见你的目光,我绝对觉得眼熟啊。"

"嗯。行了,就说到这里吧。"

干生只是这么说了一句,又默默地走着。

我发现他又露出那样一副目光,便慌了神。我到底在哪里遇见过这样的目光呢?

"相泽君。"

"呃?"

他忽然回过神来望着我。

"你现在在想些什么?"

"没想什么。"

"你说谎。你肯定在想着什么。如果没有的话,你在看着什么。"

"你打个比方?"

我狐疑地摇了摇头。他笑着拍拍我的肩膀。

"你不要把大家的话放在心上。那样的传闻,没什么了不起的。"

"相泽君,你好像大人一样啊。我总觉得你比我们懂得多。迷上你的人很多呢。你听到女孩子们是怎么议论你的吗?"

干生一瞬间咬紧了嘴唇。

"没什么大不了的。你不要把它当一回事啊!"

他满不在乎地说道,又闭上了嘴。他那副神情,好像对我这样的人不屑一顾似的。我忽然感到忧伤。

显然,他似乎要和我保持着距离,不愿意流露出过多的亲昵。我对他非常同情。他殚精竭虑地思考着什么事情,以至于对包括我在内的琐碎事情,怎么也提不起兴趣,我想象着发生在他身上的事,不能不感到叹息。他背负着已经远远超出像我们这样年龄的人所能够承受的东西。他就是那样一副神态。

从那天起,我们两个人的交往,被班级里的同学们所公认了。我没有为自己作争辩。我虽然不是像大家想象的那样和干生交往着,但我关心着他,这是不容置疑的。在参加文化节组委会以后,我们总是两人结伴回家,这已经是堂皇而之的事了。

我感觉得到他的心情开始渐渐地松懈。和我在一起交谈的时候,他那种心不在焉的神情再也没有流露出来。他常常笑着。看见他那副模样,我也笑了。我喜欢他的笑脸。它能使我忘记内中的那份眷恋的情结。他是作为我刚刚认识的男同学而进入我的心田的。在那里,只有快乐。

尽管如此,我还是知道,在不和我交谈的时候,干生依然会眼睛一眨不眨地注视着什么。看着他那种目光,我已经感觉不到眷恋的情感。我之所以这么想,是因为我对他已经有了太多的好感。

我知道当他流露出那副表情的时候,他绝不会是幸福的。想到他不幸福,这使我的心暗暗地发痛。那样的时候,我就已经成为大人,我能够给自己喜欢的男人无忧无虑的幸福。

我切实地体会着第一次降临到自己身上的、称之为"恋爱"的情感。这是我以前从来没有感受过的情感。那种情感与想起酸甜食物时脸部发涩时的感觉很相似。

我不愿意把他放在一个令他感到伤感的地方。那不是因为我在为他担忧,而是如果让他感到忧伤的话,我预感到自己不会开心的。

我自己这么胡思乱想着,而且就那样地放纵自己。

为了让我感到高兴,他也不得不那样。当然,他没有像我这样传递着自己的情感。

虽说我们已经能亲密无间地进行交谈,但他依然固守着自己的领域,根本不允许我进入他内心里这块领地。我只能作为一位可以推心置腹的朋友而给予他关心。

"呃,相泽君,你不是很晚才转到我们学校里来的吗?你父亲的工作怎么样?"

面对我的提问,干生猝不及防,一瞬间露出惊慌的神色,但他用非常坦率的语气说道:

"嗯……我父亲因为生病不能工作,所以祖母好歹算是在照顾着他。"

"你父亲,不好?"

"嘿,他是在躲债啊。其实他已经没有必要躲债了。"

"……你母亲呢?"

"在我很小的时候,她就不知跑到哪里去了。看样子是和男人一起跑掉的。我很不幸。"

"是那样……"

我以为这样不幸的家庭只在小说或电视剧里才能看到,所以我慌了神。

"你不要作出那样的表情啊。现在我说的,全部都是在骗你的。我是开玩笑的。现在这个时候,已经不可能有那样的事了。"

干生这么说着,拍拍我的后背,忍不住笑了起来。

我感到自己被不安的情绪笼罩着,但他的手只是碰到我,我便变得欢快起来。

自己喜欢的人就在眼前,这就能使自己的心情变得十分宁静吧。

不管怎样,他在我的面前笑着,这就已经足够了。正因为这样,所以我还常常会感到惶恐不安。在我看不见的地方,他如果遇到不顺心的事……我只要这么一想,心里就会蒙上一层阴影。

"亚纪,你喜欢我?"

干生突然这样问我,令我慌得不知所措。我感觉到全身的热量向我的脸上涌来,我站立不稳眼看就要倒下。

"你为什么这么问我?"

"我觉得好像是的。你总是关注着我。你很奇怪啊。和我面对面谈话的时候,你还没有什么,但我一个人发愣的时候,你却看得牢牢的。你说,那是为什么?"

我低下头,紧紧地闭着眼睛。我用颤抖的声音向他诉说我早就应该向他说的话。

"我喜欢你。我是在为你担心。"

"担心什么?"

"我不知道。因为和你说话的时候,我会让你高兴,所以那时还没有什么,但你一个人的时候,就不是这样。"

干生露出阴郁的表情,缄默不语。

我的话也许让他不高兴了?我感到不安,问他:

"你发火了?我管得太多了?"

"没有。"

他摇了摇头。

"亚纪,我也喜欢你。"

"真的?为什么?"

"你问我为什么,我也答不上来。不过,亚纪,你是一个奇怪的人。你说你很怀恋我的眼睛,现在你还这么想吗?"

"不想了。"

"为什么?"

"因为我有些害怕。"

干生紧紧地抱着我。

这时,已经是夕暮。公园里有好几对恋人,但我觉得只有我和干生是最让人憋不过气来的一对。我们太幼稚了,离谈恋爱的年龄还很远,除了并肩散步之外,还不知道该怎么做才好,只知道相互间说"我喜欢你"。

"天空黑得越来越早了。"

"嗯。不过,傍晚的天空很美丽啊,漂亮得连空气都变得越来越冷了。天气寒冷,我并不是很讨厌。干生,你呢?"

"我不喜欢天冷。天冷的时候,我总觉得有一种孤寂的感觉。不过,现在不要紧了。以后我也会很平静的。我很怕冷,嘴里吐出来的哈气变成白色,我简直怀疑这是从我的体内吐出来的。"

我热泪盈眶,眼泪眼看就要从眼眶里涌出来。我暗暗发誓,以后不管遇到什么事情,我都决不让干生再感到孤独。他的眼睛里好像依然蒙着一层泪膜。但是,那绝不是心不在焉的眼泪。肯定是我在他的身边,才使他的眼睛湿润的。

"我们要好好地努力,搞好文化节。"

"嗯。我们要坚持到最后。文化节结束以后,我们就要准备考试,进入白热化的复习状态了。干生,你准备考哪里的学校?"

"说实话,读高中,我已经死心了。因为像我这样的人,太穷了。不过,我觉得已经无所谓了。以后也许会遇到什么不顺心的事,但我可以去工作。"

我碰到了干生的手。他把我的手握着,塞进他的外衣口袋里。我们相互看着对方的脸,笑了起来。

他过意不去地说道:

"我的口袋有些小……"

我紧紧地回握着他的手。我感到很幸福。我们继续笑着。

我回到家里,妹妹正缠磨着母亲。母亲一边做着晚饭,一边哄骗着妹妹。

今天我回家比平时晚,我还担心母亲会不会责怪我。看来她根本顾不上我。

"呃,姐姐,妈妈真不讲理!"

"怎么了?"

妹妹好像正等着我回家,一看见我,便跑到我的身边。

"姐姐,你也来帮我向妈妈说说情吧。今天吧,在新宿的百货商店前,新开出一家店,是卖小兔子的。那些小兔子,真的很可爱啊!那只叫'真利子'的小兔,我很想要啊。"

我觉得这太无聊了,想要去二楼换衣服。在我的心里,根本就没有什么兔子。和干生握手的感觉,像甜蜜的毒汁一样渗透着我的全身,生活中的日常事,我觉得都是多余的,都已经变得无关紧要了。

"呃,姐姐,你也来说说呀!我们两个人一起喂养。"

妹妹向我乞求着,她的声音已经带着哭腔。

母亲难以忍受地大声规劝着她。

"你不要胡搅蛮缠!很早以前,也是那样。在过节的时候,你死缠着买了一只小鸡回家,结果把它喂养死了。你还记得吗?当时那只小鸡的表情,你已经忘记了?你自己不会照顾它,却把它买回家!妈妈再也不愿意有那样的回忆。"

我不由得回过头来,望着母亲的脸。

"你怎么了?姐姐?"

我张开嘴想要说什么,但我发不出声来。

"你身体不舒服?"

我摇了摇头。我已经是竭尽全力地摇了摇头。郁积在我内心的东西,顷刻之间融化并消散殆尽。

"妈妈,那只小鸡……"

"是啊。你自己也还记着吧。现在还要说什么真利子,你真的太任性了。要想起那只小鸡临死前的可怜相……"

我紧紧地握着刚才还被干生握着的手,我用力地握着,甚至指甲都已经抠进了手掌里。与此同时,我想起了那副眷恋的眼瞳。对了。我遇到干生的眼睛时,刺痛我记忆的,就是那只小鸡的目光。

那时,小鸡瞪大着清澄的眼睛,好像已经预感到自己的死。它躺在我的手掌上,眼睛只是注视着某一点,静静地等待着那一刻的到来。我记得自己看着它的那副模样,不知为什么,我感到恐怖。那种映现着一切却又什么都看不见的目光。我想小鸡不会是在思考着有关自己的死期,但死亡的确已经向它靠近。

母亲和妹妹已经非常悲伤,万念俱灰,我却还继续看守着小鸡。我简直像着魔了一样,看守着这个小生命用尽最后的力气睁开眼睛,怎么也不愿意放弃。真是不可思议,那时我看着小鸡的眼睛,仿佛觉得自己突然之间领悟了"看破红尘"这句话的含义。

"可是,小鸡从一开始就没有想要活下去啊,妈妈。小兔就没有关系了。真利子,我绝对能照顾它的。"

妹妹的话语把我从回忆中惊醒过来。

我跑上了二楼。我的心脏在剧烈地跳动着。我在床边上坐下,摇晃着脑袋想把小鸡的眼睛从我的头脑里甩去。于是,干生的目光又紧紧地抓着我不愿离去。

说眷恋之类的话,那是谎话。我从一开始就被他的那双眼睛吸引住了。而且,我是因为害怕看到那副眼神,所以我才恋爱了。那是一副注视着死亡的眼神。他已经预感到了。

但是，我到底能做些什么呢？小鸡早已经死了。

那天夜里，我做了好几次梦，而且每次我都是被自己的叫声惊醒了。小鸡那副目光的幻影，一直折磨着我直到天亮，我感到筋疲力尽，仿佛整整一个晚上，我已经尝遍了所有的恐怖的滋味。

母亲以为我患了感冒，忧心忡忡地要帮我请假，不让我去上学。我撒了一个谎，说学校里有很重要的课程，便跨着沉重的脚步离开了家。我有着一种可怕的预感，所以我不可能请假。

干生从那天起没有来学校。同学们从早晨起就在悄悄地流传着一个传闻，说得有声有色像真的一样，说他的父亲因忍受不住疾病的痛苦而自杀，他被他的父亲带走了。但是，大家都顾忌着我，没有喧哗起来。我受到的打击并没有像大家想象的那样大。我甚至仿佛觉得，从见到他的时刻起，实际上我就已经知道会是这样的结局。

两三天后，我们从班主任的嘴里听到了这件事。我们大家都冥闭着眼睛，默默地为他祈祷着。

正当大家都静下来为他祈祷的时候，只有我一个人偷偷地睁开了眼睛。我知道对于我这样年龄的人来说，有的时候不能像人们想象的那样去做，我感到万分惨沮。

他在那个公园里时的确还想活下去的……而且他还紧紧地握着我的手……他是我第一次遇见的、对人生有着无限想往的人……我这么想着，感到万分懊悔，我忍不住失声痛哭。没有人来劝我，大家也说不出什么话来安慰我。连我自己也不知道说什么才好。"死亡"这样的事，是可憎的。我只是那么想着，而不停地哭泣着。

以后，我偶尔还遇到过几次像小鸡临死前那样的目光。在街上纷杂的人群中，或者在电气列车里。那样的时候，我总会觉得很难受。我一只手握着吊环，心里感到一阵不可压抑的冲动，我想去问对方你是不是注视着"死亡"，但我不敢。

高树信子

  1946年生于日本山口县,1984年以小说《拥抱光的朋友》荣膺芥川奖,1999年又凭借细腻刻画恋爱心理的《透光的树》获谷崎润一郎奖。她的作品大多以情爱生活为故事的核心,表现了潜藏在现代男女心底的对爱的渴望以及恋爱的伤痛,独具哀婉而凄美的艺术气息,并且对爱情、性欲、婚姻做出了大胆的全新诠释。目前她还担任芥川奖、野间文艺奖、岛清恋爱文学奖等多项文学大奖的评委,足见其在当今日本文坛的地位。

缥缈的樱色

星期天的下午，天空覆盖着淡紫色的云翳，惠风和畅。

三保子手提在住宅附近的水果店里买的草莓，沿着护城河边的小道走着。

护城河呈"コ"字形围绕着古城迹。城迹地势稍高，被当作公园使用。而且，围墙内侧的道路，遮掩着斜坡的古樱树枝繁叶茂，探出身来将路面挡去了近一半。

国立医院，就在那条道的尽头。

医院依水傍林，从护城河外侧的车道上看去，仿佛是一座从森林中只探出屋顶的古城堡。

可是，它以前曾是结核病专科医院，而且建在护城河的内侧，因此给人一种远离尘世的感觉。

三保子看看时间，刚过两点。这个时候，因为头顶上笼罩着樱花的缘故，四周已显得昏暗。天空阴霾，重重叠叠的、带有一抹红晕的淡黄色花瓣，正好遮挡着阴空的光亮。可是，在远离樱花和云层的上空，四月的、春天的阳光却仍透过那些淡淡的层叠，或多或少地透出一些阴湿的白光。

这样做行吗?——三保子注视着浮在护城河水面上的睡莲想道。

睡莲的叶子全都只有手掌那么大小,好不容易地将脸探出水面,松开棒状的嫩叶,绿色中稍稍带有一些潮红。那些圆形的叶子上,也飘落着樱花。

三保子停下脚步,窥视着水面。在睡莲叶子的阴影中,可以窥见水的深度。河水有些浑浊,水底下好像淤积着泥土和枯叶。

这样做行吗?——三保子又想道。趁现在打消念头还来得及,沿着来时的路折回就行了。如果藤木直人知道她来这里,准会愤怒或哀伤的。

三保子害怕的,既不是他的愤怒,也不是他的哀伤,而是他对自己的失望。在与藤木坠入情网、和他相爱的三年里,不能说她没有让他失望过。但是,如果知道她今天做的事,他也许会一声不吭地离她而去的。

三保子在护城河的尽头蹲着。

藤木将妻子生病的事告诉她时,她和藤木还没有情缘。藤木很痛苦地向她诉说着,但同时无疑是细察着她的反应。听自己倾心的男子诉说妻子患了不治之症时,三保子的内心里万一涌动着某种优越或傲气,以后他也许就不会再接受她。

当时,三保子不由得松开搂着藤木的手,像要躲着他的身体。

"你为什么对我说这些事?听到这种事,我就连与你接吻都会感到痛苦!"

"对不起。我无论如何想说。千贺还在生那样的病,我却爱上了你。我非常痛苦,心想如果对你说说,也许就会轻松一些的。"

他在三保子的面前捂着自己的脸,极力掩饰着自己的痛楚。

他已经四十岁。作为四十岁的男人,他好像极不愿意让人看见自己的眼泪。三保子想要拉开他捂着脸的手,不料他转过身去站了起来,从口袋里取出了手帕。

他再转回身面对着三保子时,眼睛和眼圈都红肿着。接着,他苦笑着说道:

"人心,真是叵测啊。"

半年以后,三保子与藤木有了私情。还是三保子主动的。和三保子幽会时,藤木总是在想着千贺,想着放在千贺娘家的两个女儿。而且,他在三保子的面前毫不掩饰自己对妻女的想念。三保子愿意牺牲自己与藤木结情,是因为他太可怜了。当他作为男人的欲望超越了作为丈夫和父亲的良心和理性,而压到三保子的身上时,三保子看见了掠过他脸上的痛苦的裂纹。三保子只是搂着他的头,喃语着说:行了,你不用说爱我。

三保子知道,藤木不是那种趁妻子生病时对其他女人说"我爱你"的男人,也不是那种说着"我爱你"才能和女人做爱的男人,所以她只好努力不让他说出那句话来。

从此以后,藤木再也没有对三保子说过"我爱你"。但是,于无声处有惊雷,对不让他说出这句话来的三保子,他表达了比这句话更多的语言和感激的心情。

"到时候,你不来见见我的孩子? 不来见见我的家人?"

这句话的含义,深深地渗透在直到三十二岁仍孤身一人的三保子的心里。

"到时候,你一定要让我见。"三保子也将所有的想法都浓缩在这句简短的话里答道。

那时对藤木的怀念,丝毫也没有消弭,藤木对她的感情也只有加深而绝没有丝毫的减少。但是,在最近一两个星期里,她却胡思乱想起来,极想见见藤木的妻子千贺。三保子自己也不知道是怎么回事。

河底什么也看不见,三保子却盯盯地注视着黑黝黝的水面冥想着。隐隐约约地看得见河底伸展着睡莲花枝样的棒状物。在视野外的远处,发出鱼儿跃出水面的响声。抬起目光,越过围绕着护城河对面小道的围墙,有个少年伸出着钓鱼竿。虽然看不见少年的脸,但在他的身后疾驰而过的汽车那蓝色的线条,却像龙须似的移动着离去。

三保子想见见千贺的念头不知从何而来,倘若能不见,她想不去见她。可是,这是她在将视线移开河面的一瞬间才感觉到的。

不仅仅是因为嫉妒,三保子的心中还存有一份酸楚。这样的情感在藤木的面前几乎从未表露,但当自己一人独处时,它便抬起头来。当然,她对千贺也感到同情和歉意。有时,同情和歉意会将她心中的妒意赶得无影无踪。

那个只比她大五岁的女人,确确实实地在走向死亡。正因为她爱着的男人,与三保子爱着的男人是同一个人,所以才会诱发三保子更多的哀伤。有时胸膛里也充满着无法释然的怜悯。尽管如此,对方的女人与藤木已经有着两个孩子,即使躺在病床上也争夺着他的心。对这样的女人,三保子不能不感到特别的烦乱。

大约是半年以前吧,一次听他说起妻子从藤木家附近的综合医院转到这家国立医院时,三保子曾若无其事地说:

"即使离得再远,我也想去看看她。"

把妻子转到国立医院,他说是因为病已进入末期,为了减轻她的痛苦而接受特别的治疗。但当时,他一反常态,用强硬的口气叮嘱三保子不要去探视她。

"因为她不想让人看见她生病的模样。"

三保子当然并不想以藤木情人的身份去探望她,也没有让备受重病折磨的女人感到不快的打算。从此,她再也没有提起想去见她的事。藤木也没有再谈起妻子。两人每隔一星期或十天约会一次。

一见面,两人便像相互抚慰着对方似的做爱,然后分手。

"真对不起啊,只能这样见面了。"他在旅馆里的床上说道。

"嘿!你早点回去吧。"

有时夜里还很早,心急慌忙地做完爱以后,她还催着他赶快回去。这几个月,她甚至连"你夫人怎么样"都不问了。因为她询问千贺的病况,就像令人恶心地盼望着她快点去死一样。

三保子站起身来。樱花的秀色引起她一阵晕眩。她提着草莓,但她并不想做出将草莓送给千贺这类不知天高地厚的举动。探望病人的人空着双手是很不合适的,而且怕引起别人的猜忌。只要若无其事地从病房门前走过,如果能够看见病房内的千贺,这就足够了。藤木平时总在星期天下午去探望妻子,但他昨天起就出差不在家。装作探望其他病房的样子,即使瞥一眼也就心满意足了!

三保子这样想定时,胸膛里开始激烈地打起鼓来,她仿佛感到这是对藤木的爱情的背叛。胸膛的悸动便怎么也平静不下来。

三保子是第一次来这家医院。一走进大门,空气就变得干冷。还没有到开冷气的季节,空气却清新得如山里的冷风似的。

三保子走到值班室,询问藤木千贺的病房。值班室的年轻女人查看了病房的号码后告诉她时,给她一份院内路线图,用红铅笔画上记号,并告诉她可以坐电梯到八楼。在电梯里,三保子的心里又打起鼓来。

这样做合适吗?千贺的房门多半也许关着,只要确认她的病房后就回家。到时找个合适的理由,将草莓放在护士办公室就回来。

她这样想好后,稍稍镇定了下来。

病房马上就找到了,还挂着姓氏牌。病房的门也打开着。

三保子径直从病房的门前走过去,一边乜视着看到了这些。走到走廊的尽头,三保子重又走了回来。

走廊里没有探望病人的客人,也没有护士。于是她慢慢地走过来。她想,假如被谁喊住的话,就装作搞错了楼面。

这间病房与走廊里相比显得格外明亮。因为房门洞开着,所以自然光透过房间一直洒到走廊里。房间里的窗户一定很宽敞。

她正要将脚踏进洒到走廊里的光亮中时,有人问道:

"是谁呀?"

三保子猛然站定,打量四周。依然没有人影。

"请进。我感到有些冷,能帮我把门关上吗?"

三保子本能地照她的话去做了。

女人斜着头,一看见三保子,便说道:

"您好。"

是一个非常漂亮的女人,皮肤白皙,眼珠乌黑,虽然很消瘦,但并不显得那么痛苦。

"是我女儿的老师吧?"

女人闭上眼睛露出了微笑,好像在说:"我一眼就看出来了。"她微笑时,眼睛底下的小皱纹像贴着糯米纸似的发亮。

"是大女儿的班主任,还是小女儿的班主任?喔,是女老师,准是大女儿的老师?"

"……呃。"

"我知道您会来的。我女儿有什么事吗?"

"……她很好。"三保子说道。

三保子对女人出乎她意外的硬实和清秀感到极大的惊讶和震撼,好像受到了藤木的欺骗。准是藤木故意夸大了妻子的病情,或是自己听错了,但藤木确实说妻子的模样很难看,劝她不要去探望她。现在看来,她的病并不像想象中那么严重。

"怎么样?您的身体好转了吗?"

无奈,三保子的表情很僵硬。幸好对方闭着眼睛,覆盖着眼球的眼睑上浮现着毛细血管的网络。至此,三保子才想起藤木说过,女人年轻时拉过小提琴。他曾对她说,千贺毕业于音乐大学,结婚前一直在中学里教音乐。

"早就应该来探望您了,真对不起。"三保子说道。

她睁开了眼睛。

"您这么讲,我真担当不起。要说起来,我那大女儿是很难伺候的。"她说道。她的眼睛湿润了,但目光非常清澈,好像另有所思似的凝望着远处。

"您女儿学习很好,身体也很结实,您不用担心呀。上星期有些感冒,有两天没有来上课,不过高烧马上就退了,没什么大事情。这孩子天真活泼,是个很好的孩子呀。"

为什么会脱口讲出那样的话?感冒和女儿们的性格,都是听藤木讲的。三保子还从未见过她们,但她能确信现在自己讲的,丝毫没错。

"我那大女儿性格很内向,心里想着的事,讲出口的连一半也不到,小女儿将姐姐的那一部分话也都讲完了。姐姐不知不觉地也替代我当起了母亲。希望您能谅解。"

"我能理解。"

"外面樱花开了吧。"

"今天樱花全都开了,外面到处都是樱花,您躺着的位置正好看不见……"

"麻烦您将窗户打开。"

三保子站起身伸手将宽大的窗户拉开。

窗户面对着护城河,眼前盛开着的淡淡的色彩,阴暗部分被埋没在淡墨色中,接近天空部分闪烁着带红晕的白色。风缓缓地一摇动,花瓣便朝着护城河飘去,简直就像是三保子哈出的气将花瓣轻轻吹落一样。

护城河里的水,只能看见河对岸的一部分,眼前是一片花海。水面上的花瓣,随风簇拥在对岸的河面上,构成斑驳的图案,一部分粘在石墙上。和三保子刚才窥见的护城河河头,好像换了个角度,看不见对岸的景色。

"窗户打开了。"

"好香呀!"

"您能感觉到?"

"是啊,是花香啊。我刚结婚时住的房子,院子里也有一棵很大的樱树。夜里浓浓的香味涌进房间里。不过,那不是花香,也许是别的什么香。"

"别的香?"

"春天的夜里,各种东西都会发出香味吧。水啦,树液啦,刚发芽的嫩叶啦,很强烈的、令人闻之心醉的香味呀。您不那样认为?"

"是啊。"三保子说道。

是吗?新婚的房子外有棵樱树吗?——三保子心里想着。

那棵樱树将强烈的、令人闻之心醉的香气送进了房子里吗?

三保子的心里涌动着一种莫名的情感。和嫉妒时的感觉稍有不同,是一种陌生的新的情怀。

"我在年轻时也当过老师啊。"女人说道。那口气就好像年轻女教师似的有些炫耀。

"是啊,我听说过。"三保子说完,心想糟了,但对方没有注意。

"是教音乐的。"她说道,接着像是对着朋友或小辈似的说,"教师这工作,很累人,也很有趣。是吗?"

"很有意思的。"三保子招架道。

"我想,明年的春天可以回家了。"

三保子回过头去。

女人依然望着远方,好像是透过天花板的遥远的远方。她的嘴唇和鼻翼被手指一碰上眼看就会破碎的薄皮裹着,透过那些皮膜,看得见血和肉的颜色。血和肉都没有血色,好像那里流淌着淡色的水。

"到明年春天,还有一年吧。"

"是啊,还有一年。再住下去,丈夫和孩子们都太苦了呀。"

"是啊,您再不早点回去……"

"那扇窗还是关上吧。我感到冷了。"

三保子也正那么感觉到。窗外出奇地暖和,但风在窗口处改变了它的属性,一进房间就变成了阴冷潮湿的空气。

"我也该回去了。"

"呃,那里还有柠檬汁,您喝了再走吧。"

"不,我不口渴。"

"要不我丈夫送来的法式小蛋糕怎么样?"

三保子从窗边桌子上的纸盒里取出一个呈贝壳状的糕点放在嘴里。虽然胸口堵得慌,但她还是硬咽了下去。

"我真的该走了。"

"您一定要再来呀!"

三保子又睨视了一眼女人的脸。女人微笑着的眼睛显得艳丽而漂亮,从额头到眉间,浅刻着的几根皱纹和颚下松弛的皮肤,能感觉到女人的年龄,但在纤小的脑袋上镶着边儿的头发呈栗色波浪,在枕头上缓缓地荡开。

"女儿就拜托您了。"女人说道。

三保子硬是提起嘴角,说了声"您多保重",然后无声地走出了房间。关门时回头瞥了一眼,女人依然漠无表情地注视着天花板。

三保子坐电梯降到一楼,脚步急急地走出大门。气温和湿度都被高空卷去,这时她才发现医院里彻骨地寒冷。也许她是因为紧张、肩背过分用力的缘故。

在来时的路上走着,三保子已经没有心思观看樱花了。她也不看散落在护城河水面上的花瓣,只是能感觉到灰色的小花叶时而像睨视着三保子似的飘过她的眼前落下去。

藤木对我说谎!——三保子满脑子都这么想着。

千贺依然不失秀美。看那模样,一年后也许真的能回家去。她想。

三保子绝望了。这种绝望,不是对某一事实产生的感情,而是觉得一切事情都在分崩离析黯然褪去。

不仅对藤木,三保子对自己也感到绝望。她对自己利用千贺的误会、竟然会冒充学校的老师而感到绝望,对自己看到千贺风韵犹存产生的失态而感到绝望。

她感到自己已经没有未来,如若不能相信藤木,就只有与他分手。藤木隐瞒着妻子的病情,准是为了想得到她的关心与同情。那即便是一种潜意识,她也无法抹去受骗的感觉。

眼下自己已经从一直工作到二十八岁的公司辞职,这四年里只是在家里打打零工,做一些市场调查什么的。委托她做市场调查的统计和电脑输入之类的正是藤木。她还为他的公司出差了三个月。此后,其他公司也有同样的事找上门来。自己虽然并不渴望结婚,但从外表来看,也许已是一个万分焦急的老处女了,至少不是那种和无望结婚的对手玩得很开心的、陶醉于性关系的人。

藤木也许是看透了三保子那样的死板,才欺骗她说妻子患了不治之症的。

三保子刚才见到的女人,无论患着什么病,怎么也不像是面临着死亡的模样。她想，看来只有和藤木分手了。

于是，三保子终于非常苦闷地感到，自己万分珍惜着的东西，正从体内零零落落地掉落下来。她无奈地感觉到，飘过眼前的浅桃色的花瓣，像是自己身体的一部分。

走到穿过护城河通往公路的小道时，她回头望着身后走过的路。

那是一条樱花形成的隧道，隧道内花的阴影越到远处越是黝黯，从对面树木的隙间，窥露出国立医院大楼的一角。也许起风了，花屑飞舞起来，在低空形成一个旋涡，漫无边际地飘散开来。

这时，三保子发现自己的手上还提着草莓。想要在离开病房时放在桌子上的，却像是临时改变了主意。她没有勇气再走进那间病房。

她提着装有草莓的纸袋过了护城河。护城河那里有间电话亭。三保子走进电话亭，倚靠在电话机上，吃了一颗草莓。

现在即使给藤木打电话，他也不在公司里。只能自己一个人熬过这烦人的苦恼。将第二颗草莓放进嘴里时，三保子想给千贺的医院打电话，道歉说自己不是千贺女儿的老师。早晚是要暴露的！不是直接对她本人，而是可以让护士转告，说听见有人在喊，便信步走进去应酬了几句，甚至还被请客吃了法国小蛋糕，做了一件非常失礼的事。千贺也许会感到奇怪，并会向丈夫讲起那个神秘的女人。三保子心想，即便如此也已无关紧要了。

三保子现在忘记了对千贺的嫉妒。她觉得那个女人一点儿也不坏。而且，三保子一直以为自己不是一个善于说谎的女人，所以为自己竟然能够将谎话编造得如此天衣无缝而感到不安。千贺也许早就在什么地方看出了她的破绽。

三保子拿起电话本，用汗漉漉的手翻着书页，暗暗记住了电话号码。

她拿起听筒,按了电话号码,要求转西病栋,对方要她重新拨打另一个电话号码。她将被汗水濡湿的电话磁卡再次插进电话机里,一边怀疑自己究竟在干什么,就像她在来这里的路上问自己一样。她想纠正自己的谎话向对方道歉。她这样的想法里面,隐含着一种消沉的情绪,一种自暴自弃的冲动。

看得见护城河对面连在一起的樱花街树。从这边来看,也许是逆光的缘故,那些樱树呈阴冷的灰色。

"请把名字再说一遍。"

传来女话务员的声音。

"名字叫'藤木千贺'……我不知道患什么病,是走进正大门沿右侧走到底,坐电梯到八楼。是八楼。"

"八楼?西病栋只有五楼。"

"那不可能。我还拿了一份路线图,值班室的人用红笔指示我坐电梯,一直上到八楼。"

"您搞错了吧,是五楼。房间的号码您知道吗?"

"我没有记住。下了电梯,向左笔直走去,是右侧的房间。有一个很大的窗户……"

"您等一下,我查一查。"

她仍想说不是五楼,是八楼,但传来对方搁下听筒的声音。

不久,对方接起了听筒。

"藤木千贺君……今年一月十八日去世了呀!"

"你说什么?"

"她去年三月住进了医院,今年一月去世的。"

"是藤木千贺君呀!"

"是的,她的丈夫叫藤木直人。"

"什么时候去世的?"

"是今年一月十八日。"

"刚才我还见到她了!"

"……"

"真的!"

"是吗?……可是她去世了呀!您是她的亲戚,还是朋友?"

对方的声音明显变了。

"算了!"

电话亭里闷热得像待在蒸气浴室里一样,内衣湿漉漉地贴着三保子的前胸和后背。她放下听筒,用手撮着胸前的衣服,让空气透进内衣里。

走到电话亭外,她感到微风和缓。她想再次沿着小道返回,但没有那么做。从这里去医院,必须走过那条花的通道。

紧边上有个汽车站,到站的汽车刚刚打开车门。她像被吸上去似的一头往汽车里钻去。跨上阶梯时,眼睛里映现出从护城河对岸露出的龙须似的蓝线。她仿佛感到,如果坐上这辆车,又会被带到什么离奇的地方去,但她已经不在乎了。

汽车里很凉快。三保子感到身体和头脑都突然清醒起来。汽车沿着护城河开去。三保子猝然移到靠护城河一侧的座位上望着窗外。樱花尽头的河堤上,柳树摇动着。汽车在拐角上一转弯,树林中便露出国立医院的房子。虽然看不见全貌,但怎么看也没有八层楼高。

那时在值班室里得到的路线图放到哪里去了?

三保子又在嘴里放了一颗草莓。她在想,今天我去那家医院了?还是在护城河的尽头蹲着时梦见了?现在,她两者都不敢相信。

藤木千贺死了,看来这是千真万确的。要说一月十八日,那是将近三个月以前的事,她还能回忆起来。从那天起,藤木突然请了长假。他说是自己的父亲得急病倒下了。三保子还托他带甜瓜来着。

千贺的死,果然是真的。她想道。

那么,他为什么瞒着我?

汽车驶离护城河,向郊外开去。阴霾的天空依然蓄着薄日,使两边的房子和街树以及商店的招牌上,都如同蒙着一层薄纱。这时,三保子的脑海里浮现出藤木的笑容。她想起藤木的性格不是直露地表现热情,也许是怕羞的缘故,只会用游移的目光诱人地传递着他的热情。她想起他不会说"我爱你"之类的话,却只会说"去见见我的孩子们"。

而且,就像从沼泽中浮现出来的白色气泡似的,她又想起了他的话:"希望千贺能这样活下去……她不能死……"这是他从一月份那次长假回来以后说的话。当时藤木苦着脸这么说着,紧紧地拥着三保子。三保子默认了他的话,像平时那样紧紧地搂着他的头。

"我是个酒鬼……三保子,拜托了,请给我时间。"当时他还这么说,一反常态,一副乞求的口气。

从汽车里望去,樱色缥缈,景色失去了轮廓,世界的一切变得凝重而阴沉。在三保子的眼里,有个无法名状的东西在涌动着。

我还怀疑你,对不起!——她在口中嚅嚅地说道。

三保子下了决心。今天去国立医院的事,知道千贺已经去世的事,她都不会告诉藤木。他说过"请给我时间",那就等着吧。三十二年也等过来了,她感到自己已经习惯于等待了。

三保子注视着濡湿的指甲,自言自语道:

在藤木的心中,那个美丽的妻子真的去世时,他一定会将这事告诉我的。

青色的北风

西铁柳川车站洋溢着星期天的傍晚特有的活力和生气。旅游结束,从这里回福冈或大牟口方向的游客们,拥挤在自动售货机和售货亭的跟前,他们的脸庞都被太阳晒得黝黑。

静子低伏着脸躲过这些人群,快步地走出车站,又故意避开几名正等着客人上车的出租车司机。

穿过站前广场,在派出所的拐角拐弯时,她长长地舒了一口气。

凝积在太阳背阴处带着秋天气息的空气,猛然涌进静子的胸膛。每次走到这个拐角的时候,静子的体内都会像条件反射似的涌出一股亢奋之情。这股亢奋之情,今天来得特别凶猛。

走到宽阔的大道上往左拐,走去不远,右边就能看到三柱神社。在三柱神社门前淌过的水渠一直通往市外的河流。从车站里出来的游客,大多往那边一路游览而去。静子快步地走在游客们的前面。

从静子现在正在走着的道上望去,南边就是所谓的柳川观光区,外渠、内渠、中渠三条水渠围绕着四周,将若干个游览景点圈了进来,酿造出柳川观光区特有的风情。北原白秋(1885-1942,日本著名的诗人、歌人,日本福冈县柳川人。——译者注)的娘家和立花潘(立花家族,为日本历史上有名的家族之一,祖上历代出了许多名留史册的文才武将。——译者注)的旧邸"御花",以及其他各种名胜,都集中在这几条水渠的前头、街道的西南角上。

水渠一直伸进街道。在进街道处还有一道水闸。静子现在要去的地方,就是水闸附近、这条街的北端。

柳川的水路天下闻名,与游客们游览的水渠截然不同,别有一番情趣。北部一带尽管没有特别的名胜古迹,却也大小水渠纵横交错。

这一边水渠两岸还没有经过修整,杂草、芦苇密密匝匝任意疯长。用于去有明海海滩的平底小舟等物,被扔弃在繁芜的芦苇丛里。

水渠依然没有改变旧日的面容。矢竹庄就建造在水渠边,仿佛将半个身子向水渠里探出去似的。

听说这矢竹庄是在昭和年代开始的时候作为别墅建造的。柳川的豆酱制造公司社长喜欢钓鱼。能直接在房间里往水渠里垂钓,或者从那里推出小舟沿着水渠里的流水淌到冲端川里钓鱼,这是他生平一大乐趣。但是,这幢别墅在战后流年不利,历经多人之手,现在已为长年在久留米市经营小饭馆的女老板所有。

这位女老板几年前将小饭馆出让后开始经营旅馆,六十岁后不知道身体的哪个部位出了毛病,以后便无心经营,客人的数量也逐年减少。

如果开设寄宿公寓或客栈面向年轻人,或者开设日本风情浓厚的旅馆,无论哪一种,客人也许还会被吸引过来,但像矢竹庄那样没有特色的旅馆,似乎只能依靠回头客招揽生意。

据说,矢竹庄的老板娘还在经营小饭馆的时候起,肋田就与她是熟人。肋田在久留米市有着一家专门出售面包和糕点的小卖部,名叫"花村屋"。

肋田第一次把静子带到这家旅馆里来的时候,冷不防向老板娘介绍说:"……这位,是我的情人。"当时静子一下子慌了神儿。这里的确是在柳川,而不是在久留米市,虽然与肋田和静子居住的久留米市有一段距离,但如果传到肋田的家人耳朵里就糟了。静子真的吓出了一身冷汗。

后来肋田解释说,这样荒僻的地方无人问津,我是为了不让你在久留米市那样担惊受怕,才带你到这里来的。在矢竹庄与肋田幽会了几次,静子渐渐地理解了他所说的话。

老板娘的名字叫"内藤莲"。阿莲平时话很少,是一个非常质朴的女人,根本看不出会是干服务性行业的。

在矢竹庄里,除了阿莲之外,还有板前夫妇和两名四十多岁的女人帮忙。走廊和柱子都已经陈旧,而且饱含着水的气息,能使人静下心来。

上次来矢竹庄是八月初,支出在水渠水面上的窗户扶手上,黏着大型田螺产下的卵。这木扶手上到处都黏着漂亮的粉红色卵块,开始时静子还以为是从哪里飘落下来的花瓣。她感到万分惊奇。阿莲对她解释说,田螺每年都会在这个时候从水里爬上来,黏在这扶手上产卵。之后,阿莲感叹地说:"我也不知道怎么办才好,又是弄得一片粉红色,而且还这么好看啊。"

阿莲那白皙的额头和眼角周围浮现出汗珠,一副很为难的表情。难道她就是因为田螺每年都在这里产卵的缘故,才始终没有下决心要把矢竹庄改建一下吗? 不会是这个原因吧。

赶到矢竹庄时,静子已经汗水淋漓。肋田说过要驾驶着汽车来,但还没有到达,于是静子先洗了一把澡,在平时住的那间房间里倚靠在临水面的窗台边。这时,天空变得更加深蓝,风儿轻轻地吹拂着,立即就令静子感到神怡。

内藤莲送来啤酒,告诉她刚才肋田打来过电话,说路上车辆很拥挤,大概要晚三四十分钟赶到。

阿莲说,如果你愿意的话,我陪你一起喝啤酒,但她只是为静子把酒杯斟满。她拿着啤酒瓶,手指甲修理得非常白洁,指甲上的青筋爆得分外显眼。看不出她的年龄,看上去快有七十了吧。记得肋田什么时候说过,说她在久留米市开小饭馆之前,好像在北九州的什么地方当艺人。肋田说"艺人"的时候,那种神情能让人感受到他想回避作再多的解释,因此静子在心里暗暗地想,也许就是那种红灯区、绿灯区(指除红灯区之外允许接客的区域。——译者注)之类的生意。

"大型田螺的卵,它们会变成什么样子?"静子问。

"会回到水渠里去啊。孵化出来田螺,会'扑通扑通'地掉到水渠里去。每年一次,都是这样的啊。不过,有时现在这个时候也会爬上来这么多。"

"是来产卵的?"

"是啊。晚了两个月,有的田螺好像是突然才想起来要产卵似的。"

"能孵化出来吗?"

"我没有考证过,所以不知道。嘿,大概孵化不出来了吧。风和水都渐渐地凉起来……"

"老板娘,你单独过了一辈子?"

静子自己也不知道为什么会突然问出这样的话来。她无疑是想窥见比自己更加波澜壮阔的人生。

"是错过机会了吧。就是这么回事啊。"

阿莲笑着说道。她那与指甲一样白得耀眼的额头上,冒着些许的汗珠。笑着时,她的嘴边会出现几条笑纹。

"你说错过了机会?"

"是发生了战争啊。"

静子觉得很难开口问她在开小饭馆之前的经历,所以就变得无话可说了。

"就像现在才刚刚想起要爬上来产卵的大型田螺一样,想要结婚的时候,不知不觉地就到了对方不愿意和我结婚的年龄。田螺不趁着微暖的时候产卵就晚了。哈哈……"

她的笑声嘶哑着,显得很粗野。静子感到有些厌恶。

都怪自己不好,刨根究底地询问一些很乏味的事情。她觉得阿莲仿佛是在暗示她说:你也已经太晚了。

阿莲出去以后,静子心里想,尽管阿莲暗示她已经太晚,她也不可能现在就想要生孩子,她只是希望能有一个陪她一起生活的伴侣。肋田今年五十岁,自己四十六岁。大型田螺也许活不了几年,但一个人如果健康的话,以后还有三十年的路要走,还有三十年的人生要过。

从一年前起肋田就说要和妻子离婚,与静子结婚。如果静子想要结婚的话,他就打算对妻子谈谈他与静子的事。

静子在一家幼儿园里当副园长,每星期三次的伙食和按照惯例举行过节活动时,都要向花村屋订面包和糕饼,因此与花村屋的社长肋田也有了交情。但是,这种平淡的关系只是保持到三年前。在这三年之前,两人已经交往了很长时间,因此静子也见到过肋田的妻子铃江。

铃江长得眉清目秀,皮肤白嫩,逞强和任性的性格在她那英挺的鼻梁和紧锁着的嘴角边,明显地表露出来。

记得在一次召集了职员和客户家属的忘年会上,铃江来到静子的身边,非常亲切地对静子说,以后幼儿园必须有高档次的感觉,年轻的老师必须打扮得更漂亮些,否则是不行的。还说,不仅仅是服饰,语言也很重要,老师如果满口都是方言,给人一种乡下姑娘的感觉,即使孩子喜欢,孩子的母亲……

静子笑着说:是啊。静子是副园长,不是经营者,所以从来没有考虑过那样的问题,只是笑着听听而已。

当然,那是与肋田有这层关系之前很久的事了,所以和肋田坠入情网的时候,静子还回想起他妻子当时的表情,内心里怎么也摆脱不了愧疚的感觉。

"女儿今年春季短大毕业,我已经完全尽到责任了呀!我想把家交给铃江……"

肋田说,花村屋的经营很顺利,而且他可以让铃江和女儿的生活不受影响。

"……说是爱情,还不如说是一个性情合不合的问题。见到你以后,我就感觉到如果是和你的话,我们就能过得很顺畅。"

"你现在过得不顺畅吗?"

"现在这样太累了呀!"

见他这样唉声叹气地说着,尽管不知道肋田的妻子什么地方令肋田感到如此疲惫,但可以想象得出,他的确很累。

"花村屋是我从父亲那里继承来的,我也就是这一点儿本事。这样的商店,在市里只要开出两家,我就感到很满足了。我根本没有想过要贷款跑到福冈或熊本来开店。我那年轻的女儿和有钱的妻子,她们都有着很高的志向,希望我卖出每个四百元的高级糕点,我和她们谈不到一块儿去。我那样的想法不会称老婆的心吧。我从来没有想过要把这花村屋传下去,也没有想过要让女儿由美招女婿把面包店继承下去。光是我这一代能够维持生计就行了。"

"她是对你抱有期望啊。"

"她说以后如果要结婚的话,就和看报能从第一版读到最后一版的男人结婚。"

嘿！静子不由得感到很惊讶。她也以为他是从第一版看起的，难道肋田不是那样的人？

"她那么说过以后，我看报纸就先看第一版啊。"

"那么，你夫人不在的时候呢？"

"……我先看地方版面吧，然后再看电视栏目和第三版的新闻报道。第一版，我也读得很仔细呀！不过，法律没有规定说男人就必须从第一版读起吧。"

听着他的诉说，静子觉得这对夫妇也许真的性情不太合。丈夫正读着报纸上的电视栏目时，妻子铃江在一边斜着目光窥视着丈夫，也许会嗤之以鼻呢，还会对丈夫不屑一顾的。

静子记得读高中时班级里一位最早结婚的朋友说过，丈夫在外面寻花问柳的时候，她压根儿就没有想到过什么离婚，然而却在丈夫收敛了以后，仅仅因为每天晚上一到电视新闻的时间，丈夫就换频道，只知道观看职业棒球赛或文艺节目。望着丈夫那十分投入的背影，她想到了离婚。

朋友的话有时让静子不得不想：无论多么和睦的恩爱夫妇，也都有着外表无法窥见的分歧。当时她心里还想，即使不看什么新闻，这也不是什么大问题吧，但这样的问题一旦换成是自己的丈夫，就还是会感到不堪忍受，觉得他不是自己理想中的人吧。

听着肋田说起读报纸的事情时，静子心里暗暗思忖着：看报纸无论从哪一版读起，都不值得那么大惊小怪，但关键是这个男人也许会成为自己的丈夫，她就无法强迫自己一厢情愿地同情肋田。

静子设身处地地想着，如果把自己放到那样的生活场景里，兴许也会产生以前一直无法想象的不悦，而且肯定还会出现莫名的惆怅和失望。在婚后的两三年里，夫妇俩也许还能够相敬如宾，不知不觉地就会像铃江那样破罐子破摔,什么都不在乎了。

肋田对静子说,他在静子与妻子之间难以平衡,因此感到很痛苦,催促静子下决心。如果肋田一定要与她在一起的话,静子也会这么做的,但她又隐隐地觉得,自己和肋田也不会相处得很和睦,因此她再也不说什么"想结婚"或"想住在一起"之类的话了。甚至每当肋田再催促她下决心时,静子就会有些坐立不安,含混其词地嘀咕着:"这样不是已经很好了吗?……而且,都已经到了这样的年龄,用不着这么着急啊。"

只需一次,肋田问她:"我如果离家的话,你就和我一起生活?"那时,静子只是对他说:你不要那样。

我是在害怕什么吧。静子不会不爱肋田。她心里盘算着,对她来说,肋田也许是她最后一个男人了。因此,她不愿意放弃。她希望永远和他在一起。

当两人相互贪婪对方的身体之后挽着手昏昏欲睡的时候,静子会油然产生一种无比幸福的感觉,感到身体和心灵竟然都会是那么地柔软和润泽。有时她甚至还会感动得流出眼泪。然而,一旦想到要和他一起过着平常的生活,她便退缩了。

尽管如此,从今年春天起,静子好像被年龄催逼着似的,只有横下心来往河里跳的感觉越来越强烈。

"铃江的那个,已经没有问题了呀!"

肋田喜出望外地对静子说道。静子听说后,心里长长地舒了一口气,以后可以和肋田住在一起的念头又涌现在她的头脑里。

肋田说的"那个",是指铃江的卵巢肿瘤,铃江自己和肋田都害怕会是恶性的。当得知还没有恶性的征兆、眼下不需要手术的时候,静子忽然感到一阵不能自拔的孤单,心想什么时候与这同样令人担忧的事情,不可能就一定不会降临到自己的头上,而且到那个时候,自己孤零零一个人,那样的孤寂也许会是难以忍受的。

"……如果你离家一个人过的话,我,想和你在一起过。"

这句话,今天她想说出来;但最后她没有说出口,因为她不喜欢这种强加于人的说话方式,何况这种话也可以若无其事地、自然而然地传递给他。

肋田赶到了。他穿着静子送给她的开领短袖衬衫。年轻时在大学里打橄榄球的身体至今依然还很结实,尽管肩膀和腹部已经开始发福,头发也开始稀薄,但他的脸色变得很红润,动作也仍然很有力,这足以弥补那些缺点。

等肋田洗完澡,和肋田一起喝着啤酒,静子便会产生一种错觉,仿佛觉得这个地方和这个时间,就是她习以为常的日常生活,除了这里之外的世界,都是假象,是虚构的。

"这下可好了,你夫人。"

"嗯。她一生病,我就糟了。因为面对病人,你什么都不能说啊。"

妻子生病卧床的话,肋田会怎样尽心地护理她呢?静子即使回想起年轻时谈过的几次恋爱,也无法想象出自己生病时,男友会表现出什么样的神情和态度。但是现在,她却想象着男人在那种时候可能会有的表现。

肋田说他和妻子性情不太合,最近连话也很少说。静子猜想这二十五年的婚姻生活会是很沉重的吧。她因为没有经历过,所以猜不出那份沉重的分量。她不知道肋田的妻子得知肋田与她的事情以后,会采取什么样的态度,而且肋田对此说不定还会产生动摇。

静子不会不相信肋田,但这事情对肋田来说也是头一次,所以肋田也有着自己无法把握事态的可能。

如果你离家一个人生活的话……静子就把这个"假设"连同啤酒

一起喝了下去。如果能说"假设"的话,后面的话也眼看着差一点儿一起说出来,但她还没有说,话语就已经溜得无影无踪。

"……由美小姐也松了一口气吧。"

他女儿的名字,自然而然地从她的嘴里滑了出来。

肋田的独生女儿由美今年从福冈短大毕业,毕业后很顺利地进了电视台工作。培训结束的时候,她被安排做天气预报节目。由美的眼睛长得与肋田很像,圆圆的,虽算不上漂亮,但不认生,容易和人亲近,可以说当天气预报的广播小姐是最合适的。

肋田尽管故意做出一副心不在焉的样子,说女儿已经出道,可以不用去管她了,但静子深谙他从心底里喜欢着由美。

"看来还是不放心啊。妻子在电话里说没问题,她就已经哭得讲不出话来。"

"……是自己的母亲,当然会非常担心的呀!"

"在女儿的眼里,我好像是一个很冷酷的人啊……"

不知道女儿是不是这样直言不讳地对他说的。也许是他自己猜测着女儿的心思。

"母亲和女儿之间,无论什么时候,都会那样贴心的吧?"

"母亲身体一旦有什么不好,女儿也随之会变得阴沉起来。听说电视台里也有人提醒她,要她把表情放得再开朗一些。看来女儿为母亲担忧,会在脸上充分地表现出来。如果说她与母亲如此贴心,甚至还影响了工作的话,我就显得很冷漠了。"

说是不放心母亲,不就是卵巢里生了一个肿瘤吗?多半是铃江很在意丈夫些微的变化,把自己心里的忧虑毫无保留地告诉了女儿。这样的猜想,令静子更加不好意思讲出心里原来想好的话来。静子有些后悔,后悔自己知道了肋田女儿的担忧,还有他妻子的疾病。她心想,如果不知道的话,就可以毫无顾忌地说出自己的想法。

矢竹庄的女人来收拾餐具,铺被褥。

这段短暂的时间,依然会让静子和肋田感到害羞和窘迫。肋田坐在房间的角落里看着报纸,静子坐在窗边望着窗外。

窗前的水面上映出四角形的窗户和灯光。水静静地流淌着。

听说水渠里的水有一个人那么深,还寄栖着鲫鱼、台湾鱼之类的鱼儿。孵化了的田螺也许会成为这些鱼儿的食饵。

"晚安。"

女人说着退了出去,同时响起折叠报纸的声音。

肋田走近静子的背后,从后面紧紧地抱着她。天上看不见月亮,但它一定躲在什么地方,把天空映得蓝蓝的。

静子轻轻地推开他的手,他以一副极其认真的口吻说道:

"我从昨天起就等不及了。即使再怎么样抱你,一想起你还是会心急慌忙的。都已经是这把年龄了,没有想到还会这样纯情。"

于是,静子将身体向后仰着,用双手捧着肋田的脸,仔细地端详着。

"你脸上的肉有些往下垂……不过我喜欢你这张放松的脸。"

她说着笑了。肋田的脸,站着时和这样俯视着时,相貌完全不一样,眼睑下边和面颊上的肉往下垂着,显得有些滑稽,而且有一种真切的感觉,这时的面容与工作时紧张而刚毅的脸截然相反。不过,女人多半也是那样的。

"不要说得这么可怕啊。我也有紧绷着的时候啊。"

"我知道啊。"

紧接着,两人相互之间已经看不见对方的脸了。肋田一边说着"你把我说得那么可怕,我不会原谅你",一边不停地叫唤着"静子"的名字,开始攻击或怜爱静子的身体。静子还来不及对肋田进行爱抚,就陶醉在欢乐之中,半途中便把他接纳进自己的体内。她甚至都不知道自己真正爱着的,是他这个人还是他的身体。

关于女人的"性",静子是从与肋田交往以后,才真正地了解了它的神秘,这是肋田教会她诸多事情中的一件。有时甚至沉浸在性爱里,能对其他所有的一切都熟视无睹。正因为爱着,所以可以对爱视而不见。总之,真正地沉溺在性爱之中,爱情的实际感觉会变得十分遥远,最能感受到的就是性。等到性的高潮退去以后,爱情才会显露出来,简直就像大浪退去以后,遗留在沙滩上的贝壳一样。

静子仿佛躺在水面上,忽然又有了沉下去的感觉,脸上、胸膛上、脚上,都覆盖着一层微微温暖的水。静子喘不过气来,她急促地喘息着。肋田的嘴唇堵住了静子的喘息。眼睛的深处变得暗淡无光,一种透体的愉悦感向她袭来,不久又缓缓地变得沉静。

两人的身体久久地纠合在一起。尽管体内漂浮着一种倦意,眼看就要睡着,但静子还是能感觉到肋田的性器官溢出似的抽离了她的身体。

静子好像脱离了栓的小舟那样漂浮在水路上。天空中有三四个淡蓝色的月亮,它们各自都把那损缺歪斜的白影投到水面上。

水路的两岸芦苇繁密,夜来香和胡枝子郁郁葱葱。合欢树眼看就要承载不住淡粉红色棉花似的花朵,花朵在她的眼前窸窸窣窣地往下落,一碰到水面,瞬间就变成大型田螺潜入水底。

静子被风推着往前走去,风儿把她推到石墙边设有打水处的地方。那户人家用来通往水岸边的小石阶,已经被水冲刷得非常洁净,还闪着光,映出濡湿的月亮。沿着石阶踩着一个一个的月亮一节一节地走上去,就是那户人家的窗户。从窗户外往里窥探,电视机那蓝色的画面在一闪一闪地活动着。房间里没有人,那电视机好像就是专门为静子打开着的。

静子心里咚咚地跳着,她把脸贴在窗户上,于是电视机的音量也

情热的法则

突然变得大起来。电视里映出从气象卫星上发来的气象云图。云层从九州南部一带朝着四国蠕动着移去,不久整个九州的区域图便清楚地显现出来。

"……今天来介绍'青色的北风'这个词。"

一个女性的声音说道。肋田由美的声音作为广播员来说显得口齿不清,还有些迟钝,却不失柔情和温和,让人听着感到很亲切。

"……'青色的北风',这是一个能让人感到为之一振的词,能让人感受到秋天的气爽。它是指现在这个时候,北方将要变成青色,空气和水带着夏季的炎热从北方刮来,能使人们因而感受到秋天的来临吧……今天,日本各地都刮着青色的北风。……"

电视机里的画面消失,只有声音紧逼上来。

静子浅浅地睁开眼睛,看见电视机里映现着另外一个画面。不是气象卫星的云层照片,而是在九州的地图上显示着太阳、云层、雨伞的标记。

画面向站在边上的由美移动。在静子的梦中时,她穿着蓝色的衣服,现在却是穿着橙色底子、白色水珠花样的衣服。她用手指着地图解说着。

静子稍稍睁开着眼睛,微微地转过头看着肋田。房间里已经关了灯。在这昏暗的房间里,肋田的侧脸渐渐地变成了与阴极射线管相同的颜色。电视机的音量,在梦中时显得很响亮,此刻却调低到好不容易才听清。

肋田没有发现静子微睁着眼睛,还只顾自己望着画面上的女儿,神情非常认真。女儿发音清晰准确时,肋田的表情显得很紧张,女儿讲错降水概率而进行更正时,肋田便露出无奈的一笑,女儿的天气预报告一段落,肋田的神态变得缓和而松弛。

"青色的北风……这是一个能让人感觉到万物复苏的词语,充满着娇嫩的感觉,听说也叫大雁归来吧。那么,今天晚上就预报到这里。晚安。"

最后由美这么说着向观众鞠躬时,静子能感觉到肋田也在微微地点着头,如同端坐在电视机前打着哈欠的父亲。

由美的表情非常优雅,富有生气。如果保持这样的状态,电视台里的人就不会要求她把表情放得再开朗些吧。母亲的事一旦云消雾散,由美的内心里会是多么地幸福。

肋田伸手关了电视机。房间里变得更加黑暗,肋田的身影也看不见了。他靠近静子,把脸一凑近静子,便又悄悄地把嘴唇避让到静子的面颊和鼻子之间。这个动作,他是生怕把静子惊醒。

青色的北风……这是一个能让人感觉到万物复苏的词语,充满着娇嫩的感觉……

由美的声音和年轻女性的身姿,浮现在静子的眼前。

假如你离家一个人生活的话……

静子觉得这样的话,自己怎么也说不出口,而且她再也不想说这样的话了。

吉本芭娜娜

1964年生于东京，1987年以小说《厨房》获第6届日本海燕新人文学奖，此后在短短两三年间完成《泡沫》、《哀愁的预感》、《斑鸫》、《白河夜船》等多部作品，几乎每本都登上畅销书排行榜，创下了前所未有的销量纪录，被誉为日本现代文学天后。她与村上春树齐名，作品屡获日本和海外各大奖项，并被译介到三十多个国家和地区，在世界各地形成"芭娜娜热潮"。她的文字简单纯净，富有现代感，流淌着迷惘、忧郁和哀愁。但迷惘中找到方向，忧郁中透出阳光，哀愁中炼成坚强。

辣白菜的梦

"不伦的恋情,到最后几乎没有正儿八经结婚的。只有明白这一点的人,才有资格沉醉在不伦的恋情里,并把这样的恋情当作帮助自己成长的一个台阶。"

所有的女性杂志,都会向人们提出这样的忠告。看来,也许这是真的。

我也经常看到这样的忠告。

说实话,看到这样的忠告时,我头脑里什么也没有想。

难得从公司里早下班回家的晚上,我总是简简单单地吃完晚餐以后,看着电视或钻进被窝里,或为已经堆积起来的来信写回信,或打电话没完没了地聊天。这时我在精神上已经完全放松。这样的时候,我会突然翻阅着傍晚回家时顺便带回来的那一类杂志,于是就会在不经意中看到那样的忠告。

我单独居住的房间像是一座城堡,温暖而安逸,这令我万分满足。房间里所有的用品,从毛巾、餐具到室内用的扫帚,全都是我自己挑选的,在某种意义上来说是我的分身,这些东西怎么也不会搅乱我的情绪。公司里的一切都像喧嚣的风景一样远去。我用不着殚思竭虑,或者因为劳累而不能作太深的思考,只是等候着每天晚上都会在固定的时间里打来的情人的电话。

对了,就在那样快乐而甜蜜的时刻,我常常会在杂志上看到那样的忠告。

杂志上刊登着各种各样的劝告,是来自头脑聪慧人士的。也有日记,样式各异却总是散发着苦闷、勉强和绝望的气息。我真的是心不在焉地读着,就好像在读着别人的事情那样,与自己无关,但嘴里也会"嗯——"地发出若有所思的嘘声,一边"咔嚓咔嚓"地咀嚼着糕点,一边翻阅着杂志的书页,看完以后随即就忘得一干二净。不知道是为什么。

现在回想起来,那样的情景是最黑暗的。

那是一场刻骨铭心的恋爱。然而,与或而号啕大哭、或而吵架、或而生气地挂断电话心想这绝对是结束了的时候相比,与直接和他夫人面谈后回家的路上心里暗暗地骂着"畜生"的感觉相比,反正与任何时候相比——

"在这单身生活的、我非常喜欢的房间里,舒适地听着电视里的声音,在灯光灿烂、空气温暖的屋子里,作出一副心安理得的表情,独自看着不伦的报道。"这样的自己显得最最情真意切悲惨戚戚。

我想要紧紧地拥抱着他。为什么会这样,我自己也不知道。

不过,把我紧紧地抱在怀里的,既不是情人,也不是亲人,更不是作为胜利者的现在的我。这真是微妙的地方。

作为一个在街上徜徉着的毫不相干的人,冷不防朝窗户里窥探,透过窗玻璃对着她的房间、在温馨的避难所里独自一人的她,想说说话。

就是那样的感觉。

"你很顽强,但你真的不愿意读那样的报道啊。现在你的表情相当痛苦啊。"

假如有天使的话,难道永远以这样的情绪注视着芸芸众生吗?

记忆是一种能量,如果得不到散发,就会以凄寂的形式顽固地遗留在体内。天使会为我感到担忧。我躺着翻着书页,天使在我的身边转来转去,用肉眼看不见的手拼命地摇晃着我的体躯,用听不见的声音喊着。

"在这里呀!你不要装作没有感觉的样子。"

我和他结婚了。

我很明白。既不是直觉,也不是苦思冥想,而是从第一次见面的时候起,就很平常地想着。

"即使把他扔在一边不去理他,我和他大概也要共同生活一次吧。"

既没有热切的期望,也没有理想。两人之间只是笼罩着早晚会那样的气运。

其实事情并不那么简单。苦恼,消沉,累得对什么事都感到麻木了。说实话,一旦遇上什么事,马上就会觉得:"在这里能够如此清晰地看出它的结果,却为什么要那么辛苦?"然而,那样的懒散的情绪越发地把我从两人的生活中推远了。

再怎么懒散也无药可救。因为我们用自己的四肢感受着早已经领悟的事情,为了使它得以实现,我们是带着肉体生活过来的。

因此,我们从不伦开始起步,然后结婚,只是成为百分之五中的一对。

但是,除了我们之外,其他的全都是别人的事,却为什么会出现百分比呢?

事到如今再回头来看,那时支配着我的,就是那种肉眼看不见的神秘的压力。

大家一起喝茶时采取的是 AA 制,我不会一个人独自吃饭。

公司里组织大家去旅行,我如果不想去,就会与前辈闹得不愉快,心想我为什么不去。

深夜的出租车载客,无一例外,都想载远距离的乘客。

单身生活的女人,一连在三家酒店里喝酒,就会表现出一副很想要的样子。

与未婚的男职员一起吃午饭,平时总在一起吃饭的女孩子们就会气不打一处来。

正因为一切都被细分化了,所以在狭窄的区域里就会拥有绝对的力量,或多或少都呈现出一种异样的情调,最通常的处理就是,在议论是不是应该投身于不伦之恋之前,就先斩后奏。

我熟视无睹,经常努力酿造只有我一个人的空间,根本不把那样的问题充塞到我的头脑里。那种议论用纤微的粒子像电波一样飞舞着。我只是凭意识感觉到"不要在意"这样的词语在侵入我的大脑。

我现在才体会到自己迷迷糊糊地在和什么东西作着搏斗。

现在回想起来,我仿佛觉得我在搏斗着的,是他和他的夫人,以及我自己……

还有连自己一个人都觉得很难的、这个现代的生存状态。还有像被蜘蛛网那样的东西笼罩着、每走一步都会感到磕磕绊绊的什么影子,还带着黏糊糊的怎么拂也拂不掉的感觉。以令人无法忽略的比例混入在空气里,和活力、生命的辉煌之类的东西相差悬殊,纤弱得微不足道的能量。我即使能装作熟视无睹的样子,只要有那样的东西存在,我的视野就不可能完全清澈。

结婚快两年了。去年我从公司辞职。我们还没有孩子。我们住在两人共同购置的公寓里,家里还养着一只猫。

"如果晚回家,我就打一个电话回来。"

早晨他离开家时,关了电视机这么说道。静寂突然弥漫在房间里。他早晨不吃早饭,所以这时我一般还躺在床上。我在卧室里睡眼惺忪地目送着他离去,几乎连"你走好"之类的寒暄也没有。传来房门关上的声音,一抹浅浅的悔意掠过我的胸膛。我陡然感到一阵寂寞。看得见晨霭已经透进餐厅的桌子上,散发着咖啡的清香。猫走进卧室里来,跃到床上,在我的脚边把身子弯成弓形躺着。我这么望着,睡意又向我袭来。再睡一会吧。我想。

就在那样的状态里,我醒来时,一时间常常搞错了地方。

"阿清?"

我一醒来就喊着妹妹的名字。

我那段不伦的恋情发展到后来,我让他来自己的房间,把外套挂在衣服架上,吃着饭,喝着咖啡,一起睡觉,天亮回去,我觉得只留下洗涤的衣服和睡衣、还有并列着的枕头。我被这样的感觉折磨得筋疲力尽,我决定和妹妹两人一起住。能住在宽大的房间里,妹妹非常喜欢。

恋情发展到最后,去旅馆里幽会已经感到腻味了,我很强烈地想试着把两人的关系维持在这样的程度。而且,即使在这样不即不离的时候,我和他之间也淡淡地散发着未来的醇香。

我和他住在一起以后,我的身体眼看着消瘦下去,情绪渐渐地消沉。自从妹妹搬来和我住在一起以后,我渐渐地恢复了元气。那个时候,妹妹在我的心里简直就像极其舒服柔软的被窝,酷暑天里的冰囊,严寒天里的暖袋。我不知不觉地沉浸在那样的温情里不愿意出来。

早晨起床,妹妹在厨房里。她在烧开水,还责怪我,让我去洗澡。我回家时买了两份糕点,或者可以聊聊今天遇到的事。她不会误解我。她也不会来猜测我的内心。休息天的夜里,我也可以不用一个人恍恍惚惚地观看着"乐迷"节目消磨时间。

我常常在想,对这些习以为常的事腻味了,人会变得乖僻的。如果能做到的话,还是不应该陷入在不伦的恋情里。因为对方能在其他地方享受到那些东西,能在其他地方享受到日常生活中拥有着的极自然的温馨。

我一睁开眼睛,妹妹总是在那边的房间里啪嗒啪嗒地走着。我还很困,在半醒半睡中沉浸在梦境里,心灵像孩子那般纯真。

这孩子不会伤害我。

这孩子是可以令人放心的。

所以,我什么也不用害怕,可以再睡一会。

再次醒来,一个人也没有,而且这孩子也没有回家。

妹妹以不同的形式平等地爱着自己的恋人和我。这不会对我造成伤害。这和他同等地爱着我和自己的妻子不可同日而语。

我迷迷糊糊地思想着妹妹。

而且,我不知不觉地又睡着了。在温暖的被窝里,没有任何烦恼。

这些日子过得很无忧无虑。

因此,他正式离婚后不久向我提出结婚时,我颇感意外,大吃一惊。我感到很高兴,但和妹妹在一起是快乐的,如果没有那样的康复疗法,我的精神也许会崩溃的。

我不可能终生和妹妹在一起生活。

我跳了下去,跳进了新的烦恼里。

但是,发生过什么事情以后再待在一起,装作什么事情也没有发生过一样,这是很勉强的。

我不知不觉中成了一副永远"等待着"的架势。

在这种疲惫和心结之类的东西消失之前,我就不得不依靠"等待"生活着。……我凭感觉知道这一点。

比如,有电话打来。

夜里七点半,晚餐已经做好,是连着明天的早餐一起做的。他说道:

"今天我要晚一些回家,晚饭,你可以在阿清那里吃。"

他这个人为我牵挂着,十分体贴。

"我知道了。那么,再见。"

电话挂断时,还什么感觉都没有。

但是,过了大约三十分钟,我能感觉到开始发生着什么。这恰如起着化学反应之类的东西,光靠自己一个人无计可施束手无策。我只是注视着它的发生。在两小时不到的时间里,它随着血液一起在我的体内沸腾着,支配着我。"等待"充溢在房间里的空气中。电视机的画面,与朋友的电话,洗澡,书,都在我的外表产生出一层薄薄的膜,那层不透明的薄膜,令我什么也看不见。

所有的妄想都像恶魔的幽灵似的降临。

和妹妹一起生活着的时候,我觉得太好了。我的一切都百分之百地得到允许。

但是,我却觉得:

"与其和妹妹一起生活,还不如选择这里。我不打算回去。"

确实无疑,我的心情怎么也开朗不起来。

"这就是人生。"

这样的咒语格外有效。我常常会说出声来。不知不觉中连自己也觉得真是那么回事。即使他回到家里来,那种话我也不会说出口来。即使说了也没用。

每天这样过日子,很艰辛。

"怎么样?要让我来说,花心过一次的男人,一定会重蹈覆辙。我非常清楚,那个人就是那样的人。顶不住的。"

当时我还轻松地想着:妹妹临走时说的这些话很憋气,有一种厌恶的感觉。……

也许是因为没有东西可以再失去了,所以我才硬撑着吧?

他等着我呀?

我心里想。

他现在还在?

不!这个原本就飘浮在虚空之中的魂魄只是四处游逛了一圈。在游逛时的移动中,没有任何东西能够抓住。任何人,任何东西,都没能抓住。

是搞错了。

"每天每天都等待着。我从很早的时候起就知道你的存在。不过,我每天都睁大着眼睛等着。"

这样的信,我也收到过许多。我知道根本算不上是什么惊心动魄的不伦,但尽管如此,我还是很沉闷。

出现在画面上的,是同一个男人,和那样的心情很容易同步闪现。

最后见到他夫人时,夫人讲了太多他的坏话,所以我能感觉到内心里的那份惨痛,我生气地说:

"夫人,既然你把他说得那么坏,再如此执著于他就毫无价值了。"

啪!——夫人间不容发地打了我一个响亮的耳光。

因为疼痛,我流出了眼泪。

情热的法则

从那只手触摸到我面颊的感触,"等待"就像是外星人一样强行根植在我的体内,并无疑开始繁殖。能量被抽吸,各种仪表的指数都下降。

可是,我觉得很无奈。某个人——A的理想、希望、将来,一旦被某个人——B全部剥夺的话(我不那么想。"移动"是靠任何人力所无法改变的,保持原样不分手,我决不认为对A来说是一种健全的将来,但是A认定是那样的),A将有关自己将来的全部能量倾注在B身上的话,而且这些能量变成消极的东西相互撞击的话……即使产生这样程度的影响,我觉得也是理所当然的。

我已经受了惯性的影响,莫有名状地这样认定着。

"喜欢我也是一种'移动'。和这'移动'同样的东西,什么时候又会降临在他与别人之间。"

这样的想法给新婚带来的忧虑添加了浓郁的色彩,我的肩膀总是会莫名其妙地变得沉重。明天是今天的懒懒散散的继续,即使想到今后的事,人也快活不起来。

以前有人把这称之为"恶魔的幽灵"或是什么吧。思念的力量,人对别人感到憎恶时所产生的压力。

即使有那样的感觉也无计可施。我多半只能做那些事。改变移动。改变故事的梗概。被扭曲的能量全部集中在这里。

如果向别人倾诉,别人会说,那只是一种新生活的疲惫呀!与人一起生活是很累的!这全都被我遇上了。现在所有的一切,都只是在这种状态中产生的一个巨大的块垒,所有的一切都是其中的一种局面。他还没有完全从以前已成惰性的生活中融入现在这样的生活,其实我对他甚至还似有似无地感到抱歉。

有一天,我感觉到那样的疲惫已经达到了顶点。我有些感冒,头很痛。他虽说晚饭不回家吃,但却比平时回家得早。

他一副笑脸,说"这个我拿来了",从包里取出软绵绵的橙色的袋子。

"那是什么?"

我问。

"辣白菜啊。"

他说道。

"你怎么从公司里带辣白菜回来?"

我接过袋子问。从袋子里散发出辣辣的、诱人的香味。

"我记得对你说过吗?今天我只是去公司里露露脸,就到远藤家去了呀!我是去托他设计的。我去了以后,他夫人要把自己做的辣白菜分给我。夫人是韩国人,做的辣白菜很好吃的。"

我知道他说的也许是实话。如果是一个能够编造出如此复杂的谎话的人,现在就不会正儿八经地和我结婚吧。不过,也许他是说谎。也许他是去商店里买回现成的辣白菜,仔细观察塑料袋,兴许还能看出已经剥去了生产厂家的封印。

我当然绝不会去证实这一点。我不愿意让自己变成一个卑微的人。但是,所谓的妄想症,大概指的就是这种状态。我开始不能相信自己,而不是他或其他的什么人。

"谢谢。"

我无力地说道,连看也不看,就塞进了冰箱里。这样做,我已经是竭尽全力了。

虽然头痛已经被控制住了,但无论与妹妹通电话,还是洗澡,我的心情都无法开朗起来。

"出了什么事?"

我从他那忧暗的表情上,也能够看出来,他是在那样问我。

"什么事也没有。"

我嘴上这么说,脸上却怎么也堆不出笑脸来。

我身上的能量在衰退,在枯竭。

尽管如此,我还是把辣白菜当作下酒的菜喝着啤酒,好歹一天快要结束了。我们看着提不起兴致的电视,两个人有一句没一句地说着话。我不管怎么努力,总提不起精神来,交谈也是有气无力的。他说,看样子最近你情况不太好啊。我说,没有那么回事。就是那个时候,我觉得自己也许确实是有些累了吧?

那种变化在我的身上发生得太明显,我不由得抬头看了看时间。

十点十五分。

我忽然感觉到,我的头脑突然之间变得十分清醒。我仿佛觉得一直覆盖在眼前的那层薄雾豁然消散。我不知道发生了什么,我只是想,啊,以前我就是这样注视着世间吗?

以前?

对了!见到他的时候,我的感觉总是像咀嚼着人生的酸甜苦辣。

幽会那天晴朗的早晨我心里感觉到的窝憋。

两人能够待在一起的短暂的时间里那风的气息。就连走路的速度都会无意中加快,在眼前移动着的街头的景致。

玻璃、沥青、邮筒、护栏、自己的指甲。商店的橱窗。

大楼的窗玻璃闪耀着的阳光。把所有的一切都刻进细胞里的冲势,战胜所有一切的信心。

为了战胜、为了珍惜时间的每一刻而不至于彻底忘记、作为信息而想要把它融入我体内的动作。

因为恋爱而洋溢着的能量,使劲睁开着的眼睛。

那时这样的感觉非常美。很美。什么都能够看见,而且看得分外真切。那一个个情景,好像散发着香气似的,使它们存在着的轮廓变得十分清晰。

我能够感觉到亢奋的情绪从我的腹部不停地往上涌。一闭上眼睛,就能够看见眼前像大理石在飞速旋转着似的能量的流动。

现在真的在发生着什么吧?我心里想。那样的感觉为什么突然之间会苏醒过来呢?

恰在这时,电话铃声响了。他拿起听筒,开始接听电话。

我带着十分清醒的头脑,把喝空了的罐头送到厨房里去,甚至还觉得内心里萌发出一丝快乐。再喝些吧?我从冰箱里取出啤酒。我猛然发现自己待在一个极佳的地方。内心里没有为了明天的担忧,房间里很亮堂,有一个两人经过精心选择后搬过来的令人舒畅的空间。在这里睡觉、起床,迎来明天。在这之前,是有什么东西卡住了吧?

他在起居室里不停地"嗯、嗯"地点着头。是谁打来的? 一想到这个,如果在以前,我的心情就又会变得暗淡吧。但是,现在不同。

"是谁打来的?"我想我可以这样问他。不堪重负的嫉妒,一般不是因为自己与对方的关系,几乎所有的场合里都仅仅只是表示能量的降低。

我拿着啤酒过去,他说了句"再联系"便挂断了电话。

"是谁?"

我问。

"是……"

他说了前妻的名字。这令我颇感吃惊(以前她从来没有把电话打到我家里来)。

"什么事?"

我问。

"说什么已经上年纪了,也没有人肯娶她,发了一通怨言,说决定和一个年轻的男人结婚。说今天就把户籍办过去,搬家的地点也已经定下来了。还说本来不想告诉我的,突然想对我说了。"

真是的!我心里想。这种事情不会是偶然的,一定是经常有的事。藕断丝连,围绕在周围阴魂不散。令我感到奇怪的是,我对此并没有感到惊讶,自然而然地就接受了。从郁积着的重压底下摆脱出来的松弛就这样驱赶着黑夜。我已经不会怨恨,而且我已经能忘记理应受到怨恨的自己。

"你有些寂寞?"

他问。

"不!在这里,我终于感觉到能开始真正的生活了。"

我回答。

"你是说,以前你没有那样的感觉?不是吗?因为你觉得自己干了一件错事!"

"我知道。"

我回答。

别有一番精彩好像并不仅仅只是怨恨散去以后,而是我发高烧。

我枕着冰枕躺下。

他睡在隔壁的床上。

"这房间里怎么有股味?你没有闻到?"

"我也觉得。是辣白菜的味。"

我回答。

"是我们身上发出的味吧?"

他说道。我们到处闻着想要找出它出自哪里。

"我知道了。是你的冰枕。"

他笑了。

我一闻,果然是冰枕发出的。

"冰箱里也有这样的味啊。"

我铺上枕巾还是隐隐地觉得有着这股味,但总比发高烧好,我决定躺下,忍着不去管它。

关了电灯以后,卧室里还微微地飘荡着辣白菜的味。

接着,我有些迷迷糊糊,还做着梦。

梦中的情景虽然只是片断,却十分强烈。我在韩国的市街上走着。

我的一只手……我觉得伸出去的一只手,和什么人挽在一起。

我一抬头,是他。

明亮的太阳,被强烈的阳光照射着的各种物品。嘈杂,大蒜的臭味,描着假眉的女人们。

令人瞠目的色彩。

挑选辣白菜。

一眼望去是鲜艳的红色。

我想吃老辣白菜。他说。

他还说,到再远一些的地方去买吧,走到那边去。

这时,肉体的感觉闯了进来。因为啤酒喝得太多,我想上厕所。我醒来后起床,脑袋还烧得很厉害。

我从厕所里回来,感觉得到他在黑暗中睁大着眼睛。

"没有睡着?"

我问。

"我梦见了辣白菜啊。我和你一起去烧烤店。"

他用睡意蒙眬的声音说道。

"呃,我也是。"

"那股味很浓啊。直往我脑子里钻。"

"真的呀！我也是。"

"早点睡吧。"

"晚安。"

我一躺下，散发着辣白菜气味的冰凉的枕头再次极其舒服地枕着我发烧的脑袋。

我感觉有些迷迷糊糊。

同样的食物，同样的气味，在同一间房间里弥漫着的信息带来的同样的梦。虽然有着各自的身体却能够共同拥有的东西——日子。一起生活下去的含义。

我忍受着各种有形无形的重压走到了这里。

等到发现，我才觉得已经很久很久这样过来了。

是从很小的时候开始，是从出生之前开始。

我觉得自己已经理解了这一点。

尽管我不愿意。直到死，直到死了以后也同样如此。

但是，休息的时刻现在来临了，各种各样的事情太漫长，我感到很累，我已经困了。今天的一天将要结束。接着醒来，朝阳会照得人睁不开眼睛，新的自己又会开始。吮吸着新鲜的空气，全新的一天会来临。孩子的时候，比如考试结束放学以后，白天学校里举行活动的那天夜里，我总会有这样的感觉。新鲜的风儿似的东西在我的体内吹拂着，到明天早晨，昨天以前的事情会被祛除得干干净净吧。而且，自己会和最纯粹的、如珍珠般的光辉一起睁开眼睛吧。我总是那样祈祷着，纯真地相信着这一切。

螺旋

那天我喝得烂醉,整个下午都没有干活。

我以写文章度日。其实那天我也有一件需要急着赶出来的活儿,就是要为一位摄影家拍摄的风景照片配文章,但我头痛得厉害,怎么也无法进入那个波涛大海的照片世界。像这样与别人合作的工作真是不可思议,尤其是和创作自己喜欢的作品的人合作。我总会产生一种感觉,仿佛自己在窥探对方头脑里的隐秘。我仿佛觉得好像事先就与那个人约好了似的,是一个很久以前的约定。

反正,那天我一直躺在床上,望着秋空的透彻。那种透彻真的非常深邃,没有底部,不知为何,我总有着一种受到背叛的感觉。隔壁的孩子正练习着小提琴。小提琴拙劣地哭诉着,那种音色简直就好像渗透似的朝着心中映现的蓝色的天空淌去。要说有多拙笨就有多拙笨,要说有多难听就有多难听,和即使闭上眼睛也十分艳丽的蓝色非常相配。

我闭上眼睛倾听着,甚至会想起某一位与那蓝天的映象重叠在一起而十分熟悉的女性的睫毛。那位女性一旦语塞,就会一边说着"就是……""呃……"一边必然会闭上眼睛,于是覆盖在白色眼睑里面的眼睫毛突然变得十分清晰,从微微紧蹙着的眉毛,可以看出她胸襟开阔的气质和神经质的气质同时并存的所有人格。这是她身上具有的一种独特的韵味。

在读懂她那闭着眼睛时的一瞬间,总是很可怕的。心脏眼看就要停止跳动。因为我觉得以前没有任何读懂她而能友好相处的事例。而且不知为什么,我更加害怕她那样闭上眼睛的片刻。我害怕得不知所措,不久(尽管这么说,也只是片刻工夫)她"啪"的一下睁开眼睛,一反常态,变成了一个明快的人格,比如还说出这样的话来:"你能读懂我,这是很美好的事呀!"我觉得这个人很纯真,恨不起来。我甚至还为自己感到害羞,太没有品味,竟然还在分析她的那种纯真是什么美德。

约定今天晚上和她约会,但心里却感到有些烦。因为最近她总是一副想要对我说什么的样子。她说"晚上九点,在那家店里见面。老地方。"但那家店是八点关门,约在那个时间总有些故作姿态。我打电话去拒绝她,但录音电话里发出的甜美的声音一个劲地诉说着她不在家。最近她不上班的时候在哪里做什么,我一概都懵然不知。无奈,我只好决定出门赴约。

昏暗的街角没有一个人影。秋风是最大的主角。那是一个冷寂的夜晚,街道上无论怎么曲里拐弯,都倾洒着同样的月光。在透明的空气里,时间故意地变得很不流畅。清凉的风淋漓地穿透着无穷无尽的思绪。在大楼之间的"崖谷"里,时间变得更加混浊而黑暗。商店果然紧紧地关闭着。商店的门前没有她的人影。那家商店是卖进口商品的杂货店,门前是镶有玻璃的咖啡屋。

我喜欢那样的某些事物之间的分界好像融化在一起的感觉。黑夜和白天,盘子里的沙司,一直流淌进咖啡屋里的杂货。那是因为爱她而受到的影响。她恰如夕暮时的月亮。那道行将消失在淡蓝色的云翳里的白光。我走上前去,窥探那道通往商店门口的楼梯,也不见她的人影。

突然,传来呼唤着我名字的她的声音。那声音闷声闷气的,很不可思议,感觉恰如从天国的云端在呼唤正在下界的我。我抬头望去,看见她从漆黑一团什么也看不见的商店内透过窗玻璃在向我招呼着,她的背后模模糊糊地浮现出白色的椅子和桌子。她笑着向我招手,从里侧为我打开沉重的玻璃门。

"你是怎么进去的?"我问。

"我向经理借了一把钥匙。"她说道。我一走进去,黑暗的商店里货物摆放得像博物馆一样,脚步声和讲话声都响得刺耳,怎么也想象不出这家商店就是我们平时约会的地方。我们好像白天混杂的亡灵一样,在桌子边面对面坐下。

她从商店的冰箱里取出果汁,斟在倒扣在清洗处的杯子里。

"你可以这样随随便便?"我问。

"可以呀!老板说过随便我用的。"她在柜台的后面这样回答。

"电灯能打开吗?"在这暗头里我感到慌悸,问她。

"不行啊。别的客人会进来的。"

"那么,我们就待在这暗头里?"

"我们可以自得其乐啊。"她这么说着,像女服务员似的把斟有果汁的杯子放在浅盘里走过来。

"没有啤酒吗?"

"你不是喝过酒了?不会喝得烂醉不醒吧?"

"你怎么知道的?"我很吃惊,"我对你说过?"

"我不在家时,你不是打电话来过?"她窃窃地笑着,我松了口气。

"已经是晚上了,没关系啊。"

"好吧。"她说着,朝着冰箱走去,去为我取啤酒。她如行风流水般地走去,感觉很奇怪。她总是微微一笑,脚步声在渐渐地远去,显得很响。我有一种不祥的预感。

在黑暗中喝着的啤酒不太有味。宛如散着寒冷的金光,在北极饮酒一样。因为还残留在体内的酒精和那月光下一般暗淡的缘故,所以我马上就来了醉意。

"我吧,从下个星期起要去参加一个讲座。"

"什么讲座?"我问。

"我朋友有个孩子,她为了那孩子受尽了苦难啊。那孩子一直在探索,说那个讲座稍稍有些过激,所以托我跟着那个孩子。"

"过激?"

"据说无论什么事,都会从头脑里清除出去。说不是平时经常听到的特异功能的开发啦,冥想之类的东西,而是头脑里完全一片空白。还说头脑里的记忆全部删除以后还能重新恢复。还说很多事情都忘记得干干净净,那些忘掉的是对自己没有必要记住的事。很有趣吧?"

"很没趣啊。哪些事有没有必要记住,这是谁决定的?"

"那是孤注一掷啊。准是那样的。怎么说呢?好像就连自己认定对自己来说很重要的事情,也都完全忘记了。"

"你是说自己很偏执?"

"好像也不全是那样。这是一种感觉,她因为离婚的打击患了神经分裂症,她一直想把那件事忘掉,我估计她多半是不能忘记那件事。"

"你不要去啊!"我说。

"但是,不能让她一个人去啊,所以来找我商量了。"她说道。

"而且我很感兴趣。再说了,那地方不去看看的话,也不知道好不好。"

"不好啊,那样的地方。全部都忘记,不会是好事吧?"

"你是说不能忘记? 连讨厌的事也不能忘掉它?"

"那是自己决定的呀!"

"没关系,就是说……"她闭上眼睛在寻找着词语。接着,她睁开眼睛,"是啊是啊,至少我不会忘记你。"

"你怎么知道的?"

"我知道的呀! 没关系。"她微微地笑着说道,我深谙她心底里另一个她的不安,我好像能够听到,"我总希望把你的事全都忘掉,我想忘记还记得你的自己。"她的话显得很悲惨,我已经不劝说她了。

"我们两人以前的事,也许能全部忘记吧。"我笑了。

"一千年的事情全部忘记?"她也笑了。她说完那句话,因为嗓音非常亢奋而率真的缘故,那一瞬间好像十分真实。是吗? 我们已经有一千年了? 我心里想。

"第一次去旅行时的事也忘了?"

"记得好像还是十九岁吧。"

"是啊。住在旅馆里,那个女服务员还不怀好意地说:'这位夫人很年轻啊!'"

"是我们的年龄没有改变啊。"

"你显得老啊。……房间很宽敞,天花板很暗淡,我很害怕。"

"半夜里去院子里时,天上繁星点点啊。"

"是夏天,还散发着青草的香味呢。"

"你,留着短发。"

"然后,我们睡觉时把两人的被窝放在一起。"

"嗯。"

"你要讲吓唬人的故事,所以我一个人都不敢去温泉了。"

"两个人一起去啊。"

"还在露天浴池里做爱了呢。"

"嗯。好像在深山密林里一样。"

"星星很美丽。……我很怀念呢。"

"那种感觉,和死亡很相像吗?"

"什么?"

"我是说忘记的感觉。"

"你不要说那样的话,这不是很悲惨吗?"

"那种感觉吧,就好像《在杜鹃巢上》这部电影里出现的那样吧?"

"脑部切除手术?我觉得不一样。"她闭上了眼睛,"只是,把不需要的事情忘掉啊。"

"我的事?"

"……嗯……但是,我不知道什么事情是不需要的。"

"……我们走吧?太静了,心情会变得越来越郁闷。"

"一旦声音被吸去,无论说什么,好像都是在说很重要的事啊。呃,我们参观一下?"我们在店堂里走了一圈。若干个货架上静悄悄地陈列着很多国外来的商品。重叠着像棱晶一样的杯子,一个个令人觉得简直都拥有着与白天截然不同的价值。

走出商店,就像离开自己的房间一样锁上门,向外跨出一步,夜风迎面吹来,仿佛觉得时间也突然随之开始移动起来。

"再去喝一点吧。"

"好啊。"心情也霍然变得轻松起来。

"我看见你,就一定能完全想起来。"她一边走着,一边冷不防说道,"即使已经忘记了,也会想起。"

"你说是'完全'?"

"我们一起见识过许多事物,吃过各种东西。因此这个世上的任何风景里,都会映现出你的面影。走过我们身边的刚刚出生的幼儿。吃剩下的寿司底下透出来的盘子那鲜艳的花纹。夏季天空中的火花,夕暮的大海上月亮躲在云层背后的时候。在桌子底下碰上谁的脚说声'对不起'的时候。请人耐心地帮着挑选东西而道声'谢谢'的时候。看见眼看就要死去的大爷摇摇晃晃地走着的时候。街上的狗和猫。从高处眺望到的景色。走进地铁站迎面吹来温敦的风儿时。半夜里电话铃声响起来的时候。喜欢其他什么人的时候,就连那个眉毛上的线条也一定……"

"你是说,那种感觉就是该想起来的记忆还是会想起来?"

"嗯……"她又闭上眼睛,而且把那透彻的眼瞳直率地望着我,说道,"不对,是我心里的风景。"

"是吗? 那就是你的爱?"我问,多少有些吃惊。

就在那个时候。我不知道一瞬间发生了什么。光和音恰如打雷一般形成微乎其微的间隔移动的感觉。在对面的拐角露出的大楼顶上发出光亮,紧接着冒出火,与迟钝的声响一起,玻璃的碎片缓慢地倾注在黑暗里。

仅只几秒钟后,人们从沉睡着的街道的各个角落里乱哄哄地奔跑出来,随之变得一片喧闹,巡逻车和消防车的警笛声从远处向这里靠近着。

"是爆炸!"我激动地说道。

"只有我们两人看见啊! ……没有人受伤吗?"

"没有啊。那幢大楼很黑暗,没有人通行,只是恶作剧吧。"

"如果只是恶作剧的话就好了。……真漂亮啊。说句不合时宜的话,就好像放烟花一样。"

"真了不起!"

"真的。"她还抬头望着天空。

我在一边注视着她的侧脸,心里想着。

我的爱和你稍有不同。比如,你闭上眼睛的时候,简直是宇宙的中心一瞬间都集中在你的身上。于是,你的身姿变得无限渺小,身后开始显露出无限的风景。以你为中心,那道风景在用飞快的速度不断地扩散着,直到我过去的一切、我出生以前的一切、有过记载的一切、以前我见到过的所有的景致、星座、远处能够望见蓝色地球的宇宙的空间。太让人叹为观止了!我内心里一阵狂喜。而且,你睁开眼睛的时候,那些景观全都消失了。会不会再次感到烦恼呢?我想。

两人的思绪竟然如此不同,但我们都是原始时代的男女,是亚当和夏娃的爱恋的样板。相互爱慕着的男女中,所有的女人都有那种习惯的变化,所有的男人都有凝视的瞬间。是相互映照着对方的永远旋转着的螺旋。

就好像 DNA 那样,就好像这个大宇宙。这时,她望着我奇怪地笑着,好像回答似的这样说道:"嘿!真的很漂亮。我几乎一生都不会忘记。"

林真理子

　　1954年生于日本山梨县,自从1982年以处女作散文集《买个好心情回家》登上畅销书榜首之后,又在1986年以《只要赶上末班飞机》、《到京都》两部作品获得直木奖。随后她一再得奖,《恋恋白莲》获第8届柴田炼三郎奖,《大家的秘密》荣膺第32届吉川英治文学奖。她以细腻描写现代人的恋爱心理见长,其作品大多以都市男女的情爱为主题,用大胆而辛辣的笔触,揭示外遇这一形成于日本特殊的社会结构和文化背景下的产物,被称为"女渡边淳一"。

后悔的男人

早晨临出门时,仓田绂一看了一眼妻子的脸色。会留意妻子的脸色,这对他来说,可以说是非常稀罕的。因为在他离家以后不久,读小学五年级的女儿就要去学校上学。和一般的家庭一样,这个时候,妻子凉子正在全力照料着孩子,问女儿有没有带好学生联络手册,看着女儿把牛奶喝下去,不让她喝剩下。对丈夫,她只要把早餐放在桌子上,好像自己的任务就已经完成了。事实上,绂一决不会因此而感到丝毫的不便或不满。他吃完烤面包片,喝完咖啡之后,迅速换上衣服戴好领带。绂一在孩子的时候是不允许穿着睡衣吃早餐的,但现在穿着睡衣吃早餐的模式已经固定下来。有一次,他穿着西服吃早餐,当时女儿还小,放在桌子上的果汁被孩子打翻,把他穿在身上的衣服弄脏了。

总之,绂一在进早餐时一副随随便便的打扮,早餐后还要去卧室换衣服。住房是常见的那种家庭式三套间的公寓,所以走到房门口还要穿过餐室,那时绂一才向妻子招呼道:"我走了。"

一般的时候,凉子这时总是站在带烤箱的烹饪炉灶前,背对着绂一,或正在桌子前忙碌着。她只是用目光朝丈夫那里瞥一眼,声音也朝着丈夫的方向飘去。

"你走吧。今天也晚回家吧。"

后半句话的语气几乎是肯定的,其实近半年以来,丈夫难得在家里吃晚饭,难怪她会这样问。

"是啊,晚饭不吃了,也许有人会请我吃便饭……"

绫一这么回道,一边想起昨天也是这样回答的,结果什么也没有吃就回来了。好像是完全心不在焉,作了一个无关痛痒的回答。

这天早晨,绫一也是一边用左手探摸着领结的位置,一边对妻子说道:

"我走了。"

"你走吧。"

想不到妻子的声音在很近的地方传来,绫一下意识地抬起头。大概是来取什么东西吧,平时这个时候凉子是在炉灶附近忙碌着,不料她真的就在紧跟前,站在卧室的门背后。

"今天夜里也会晚回家吗?"

凉子提问的口吻与每天早晨的应答稍有不同。绫一顿感不知所措,口气也变得有些殷勤。

"不会,我觉得不会太晚。"

"好吧。"

这时,丈夫的目光和妻子的目光相互交织了一下。绫一发现妻子涂着淡淡的口红。凉子的确会淡淡地化一下妆,但那是在送走丈夫和孩子以后,不会在他们还没有离家就化妆的。和绫一换西服一样,她也是有程序的,在吃早餐的时候应该没有化妆。因此,她不可能涂口红。绫一在晨霭的光亮中再次朝妻子的脸望了一眼,而且他发现,妻子嘴上的红色不是涂上去的,而是微微的血色。绫一不得不承认,妻子突然变得漂亮了,他已经很久没有端详过妻子的脸。事实上承认归承认,他绝不可能说出口来。这说法也许很奇怪,他仿佛觉得,万一说出口来,丈夫和妻子好不容易保持着的微妙的平衡就会被打破。

绫一一句话也没有说。他走向房门口,拿着鞋拔子,一边把脚伸进皮鞋里,一边心想自己的妻子一定感到很幸福。

说起幸福,这是理所当然的。今年春天绫一将要得到晋升,购置公寓的贷款也马上就要还清了。更重要的是,读小学五年级的女儿很聪明,用不着父母怎么叮嘱,她的成绩总是在年级里保持在前五名之内。据说明年私立学校的入学考试也没有什么大问题。家里的人都在蒸蒸日上,为这样的家庭当主妇的女人不可能不幸福。

绫一为自己能给妻子这样的交代感到很满足,但这样的满足绝没有让绫一感到温馨和舒畅。有时,绫一也会责怪凉子。

"妻子难道不应该对我更表示感谢吗?"

妻子心安理得地享受着这一切,这令绫一感到不满。妻子得到的东西,他也许完全能够给予别人。"妻子"这样一种人,为什么丝毫也没有发觉这样的奥妙,一副悠然自得的表情,在渐渐地、不断地发胖呢?如果绫一神经错乱,说明天要和她分手,妻子就会失去以前所有的安逸生活。她为什么丝毫没有发觉如此严重的问题呢?……

随着离车站越来越近,绫一的心情变得越来越坏。绫一之所以这样生气,是有原因的。无疑是因为他听到了有关筱田博子的传闻。

提起年轻时代的恋人,与她的美貌和打扮相比,肉体方面的记忆更容易在绫一的头脑里清晰地苏醒过来。博子这位姑娘不能算是肥胖的,但她的体魄很结实,身体内蕴含着一种顽强的生命力。那个时代年轻女人们也不像现在那样竭尽全力地减肥,拼命要把自己的面容变得清瘦。也许是穿着的文胸与自己不合身的缘故吧,博子穿着

T恤衫,硕大的乳房顶着T恤,以致显得有些衣冠不整。这首先吸引了绫一他们的目光,成了他们谈论的话题。

"这次进来一个大乳房的女孩子啊。"

博子是绫一所在大学的短期大学部一年级学生。众所周知,和四年制的女学生相比,短大的女孩子素质要好得多。因此绫一他们集中向她们散发吸收新生参加网球队的告示。

博子在短大的校园里收到告示,敲响了俱乐部办公室的门。

绫一以后回想起来,那是四月的一天,博子穿着白色的外衣,中间的纽扣眼看就要掉了。带着吸收新队员的告示敢独自闯进俱乐部办公室的女孩子绝无仅有,何况博子长着长长的眼睫毛,一双明亮的眼睛,况且这是她第一次闯进来的陌生场所,她却毫无畏惧地四处打量着。绫一理应能回想起博子当时那副初生牛犊不怕虎的闯劲,然而留在他记忆里的,偏偏却是第三粒纽扣和第四粒纽扣之间,因为胸部丰满而鼓起形成的小小的菱形间隙。就好像任何人只要手指一碰,里面的内容就会"砰"的一下释放到外面来一样。

全日本的校园里,每年都会上演着令人不堪入目的青春剧,并在校园里扩散开来。绫一与高年级的同学为了博子而争风吃醋,在酒席上发生了争执。绫一怎么也控制不住自己的冲动,借着酒劲,闯进了博子的住宅,那天晚上强行与博子发生了关系。正如绫一的想象,博子是处女。身躯非常光泽,唯独胸部硕大,二十岁的绫一径自沉溺在博子那十八岁的身体里,无力自拔。同样租借公寓居住的绫一,每到周末就去博子那里,一起去澡堂子洗澡或去超市购物,俨然一对夫妇的模样。这样的关系持续了三年,比博子晚一年成为上班族的绫一,用第一个月的工资为博子买了一条银项链。

博子好像认定绫一会和她结婚的,但绫一渐渐地疏远她,不久便干脆和她分手了。没有将博子作为人生的伴侣,原因有很多,但关键性的原因是她自己制造的。

　　从学生时代起,博子简直可以说完全不受同性的欢迎。初看她非常文静,但网球队的女孩子们对博子的评价是:不知道她在想什么。甚至还听人说,她的脸和身体都极其怕热。的确,博子的头发非常浓密,紧贴着头皮,覆盖着前额,几乎看不见鬓发。她的头发浓密得让人感到惊讶,到了无法扎起来的程度,后脑部的头发总是像刚刚起床似的蓬起,给人一种邋遢的感觉。浓眉下长着一双大眼睛,眼珠黑泽,但绫一很少看见它炯炯有神的闪光,总是湿漉漉地带着哀伤。在做爱最投入的时候,博子也总是紧闭着眼睛,不会将自己体内发生的各种反应直露地传递到脸上。起初绫一把这当作是她的美妙动人之处,博子那种毫不做作的幼稚曾一度使绫一着迷。不久以后绫一才知道,那种幼稚是博子与生俱来的特点。

　　开始时博子极不愿意谈论自己,交往了有一年以后,她开始点点滴滴地诉说了一切。听她说,她七岁时父母离婚,由母亲一手养大。母亲自己只是初中毕业,梦想着无论如何要让女儿读完短大,因此没日没夜地干,白天当保健食品的推销员,晚上卖淫。但是,她还年轻,无论如何也不能尽到做母亲的责任,屡次和男人同居了又分手。

　　一天夜里,博子难得变得饶舌,躺在绫一的臂膀里,开始诉说起来。她在读中学二年级的时候,被一个与她的母亲同居的男人抚摸刚开始隆起的胸部以后,心中便有了一个强烈的愿望,就是到东京去读书。为此,她开始在附近的今川烧烤店里打工,尽管赚不了多少钱,但在饼干罐头里储蓄五百元的硬币和一元的纸币,是她真正感到高兴的事。

　　博子开始意识到结婚,开始将自己的心灵向绫一全部敞开,希望绫一了解自己的一切。然而差不多在这同一个时候,绫一开始对博子封闭自己的内心。这年绫一二十三岁,开始对博子身上的那份沉重感到疲惫。

绠一的父亲在长野当老板,经营着不动产公司和加油站,在地方上也算是知名人士。但是,远比父亲有名的,是绠一的母亲。她出身于当地赫赫有名的望族。她以此为荣,作为女性社会活动家而有着巨大的人际关系网络,甚至每次市里进行选举,她都受邀担任监督员。

"要成为引人注目的人物,就应该首先要让自己养成相应的举止。"

这是作为地区里的名流夫人一路走来的母亲,赠送给绠一和弟弟的话。绠一的母亲说怎么也不愿意把博子娶进家门。生活在地方上,排他性的意识特别强烈。这样的特权意识,在母亲身上有过之而无不及,已经成为母亲坚固而锐利的盔甲。

"我不想絮絮叨叨地说个没完,我只是希望你和一个正正派派的人结婚。"

每次回家探亲,母亲都会说起这样的话,硬让他看想给他相亲的女性的照片。母亲如此固执,如果让她看见博子,结果是显而易见的。

在大学的俱乐部里开茶话会的时候,博子的周围总会出现一层纤薄而透明的"间壁"。其他天真的、或装作天真的女孩子们,总是和她保持着一定的距离,决不会靠近她。即使看上去好像在一起欢笑着,也决不会走近能接触到博子的地方。而且,她们还观察着装作喝醉酒而靠近博子的男人们。

绠一在俱乐部里到了三年级也没有混上部长或副部长之类的地位,有的人说原因就在于博子。

"光是绠一君喜欢那个人,我就看不起他。"

一名低年级的学生喝醉了酒这样说。绠一获得对博子的爱情,却付出失去众望的代价。

可以说，俱乐部是社会的缩影，在俱乐部里，这是绫一在人生途中第一次闪失或受挫。

"我从孩子的时候起就一直是这样了。"

一天夜里，博子这么喃语道。

"女孩子们总是讨厌我。我从中学的时候起就是这样。而且那还不是一种明显的欺侮，而是一种很隐晦的做法，就是绝对容不得我入群啊。我常常觉得，还不如把我打一顿或把我怎么样，那要痛快得多。"

"这个嘛，是因为你这个地方太漂亮啊。"

绫一说着这话的时候，一边把手伸进她的大腿内侧。那里脂肪丰厚而有弹性，触摸的感觉非常滑润，滑润得好像在拒绝一切杂物接触到它一样。事实上，他的手指就产生了一种震悚的感觉。

"那些女孩子啊，全都非常珍惜这个地方呢。说起来也情有可原，她们的身体都长得那么美丽。"

他的手指向前探去，碰到了湿润的黝黑部分。他常常分神，表情和声音都变得有些迟钝，博子那年轻的身体依然娇嫩得令人疼爱。但是，绫一不可能将那样的感觉告诉母亲。博子身上值得绫一憧憬的美点，其他女人不可能与她媲美，然而却又无法用语言表达清楚。

那时，正是绫一开始习惯公司的节奏，对工作也开始产生兴趣的时候。与女性相识的机会也骤然增加，跟学生时代不能相比，绫一不得不发现，在自己的面前有着诸多上佳的选择。

不久，两人之间开始冷战。经过一段男方打来的电话越来越少的过程，绫一干脆提出分手。博子好像心意已定，她既没哭，也没有死缠着要与他保持恋爱关系。

"我明白了……你果然是这样的人啊。"

她冷冷地笑着。

看见她那副笑脸和神情,绂一终于理解女人们对她的评价:"不知道她在想些什么。"

这些往事已经是将近十四年以前的事了。如果到此为止,以后再也没有重续旧情,那么这就是青春时代人人都会经历的恋爱故事。

但是,两人之间还有着令绂一无法毅然割断的牵挂。从学生时代开始算起,绂一让博子堕过两次胎。第一次是两人开始交往后不久,原因是做爱到一半的时候,绂一想起忘了用避孕套,但他依然沉溺于其中无力自拔。堕胎时两人都已经吓得面如土色,他们立即住在了一起,绂一的父母只好送来了钱。但是,第二次怀孕却怎么也弄不清原因。因为第一次失败的教训,他们再也不敢不用避孕套了,然而博子却突然不来例假了。

"看来不管怎么当心,还是会怀孕的。你用脱避孕套的手再来摸我,看来也不行。"

博子像说着别人的事一样,带着绂一垫付的钱去了医院。绂一提出"我送你去",博子一口回绝,说那样的地方不是男人该去的。

那时博子在当白领,但她脸上丝毫也没有化妆,身上穿着宽松的连衣裙。接着要去堕胎,然而她却穿着藏青色的孕妇连衣裙,白色的衣领处还镶着刺绣。博子属于漂亮女性一类,但她的装扮感觉却不知为什么不太好。她不会去穿流行的服装,却也不是短大学生中常见的那种小家子气的打扮。不知她是在哪里买的,黏黏糊糊的料子做的套装,有时把博子装扮得像中年妇女一样。

总之,绂一还清楚地记得博子穿着那件藏青色衣裙缓缓打开住宅房门离去时的情景,以及看见女人毫无怨言地答应堕胎时大松了一口气的自己的身影。直到今天他还能够感受到当时自己的心情。

他问她:我要送你去吗?你吃得消吗?你自己一个人去能行吗?从自己的嘴里吐出来的话大多包含着体贴的含义,却全都包含着释怀和退缩两种情愫。

绫一至今还和大学里的同学远山交往着。博子离婚,就是他告诉绫一的。约定下星期一起去打高尔夫球的集合时间以后,他忽然想起似的这么说道:

"你知道吗?筱田博子离婚了。"

"是吗?我还以为她生活得很幸福呢?"

博子从来没有参加过学校里的同窗会,绫一曾经无意中听说,她结婚后住在三鹰。

"她有多大年龄了?比我们小两岁,有三十五岁吧……"

"呃,是啊。"

这样的时候,绫一和其他任何男子一样,立即在心底里暗暗地与自己妻子的年龄作了比较。凉子比绫一以前分手的女人还小一岁,光这些就足以让男人感到满足,感到幸福。这是为什么呢?

"三十五岁离婚,也许是一件难堪的事,很不容易。但是,她还是那副色迷迷的样子啊,你想见见她吗?"

"别胡说,我们已经是很早以前的事了。"

经绫一这么一说,远山也颇感没趣,说了句"是啊",便哑口无言了。他自己在学生时代也与低年级的学生谈过恋爱。

"听说她不能生孩子吧,不知道这会不会是离婚的主要原因。不过,她总是太可怜了。"

两人都是在公司里上班的时候打电话的,所以电话到此就挂断了。等到绫一醒悟过来时,才发现自己的左手还用力地按着听筒。

这些情况,绫一都一无所知。早就听说她结婚了,绫一理所当然地以为博子已经当上了母亲。现在听说她离婚是因为没有孩子,远山那心不在焉的话语,出乎意外地给了绫一巨大的震动。博子不可能不会生孩子的,以前和她恋爱的时候,她不是怀过两次孕吗？如今如果不会生孩子,原因会不会是年轻时堕胎所致的呢？

第二次堕胎后,博子回到住宅时,绫一在家里等她。当时她冷不防说一句：

"医生对我说了,说如果再这样打胎,以后会生不出孩子……"

那时绫一还以为这是医生见博子年轻便在吓唬她。现在看来,那种劝告也许是真的。这么说来,博子她会陷入不幸的境地,其中的一部分是绫一给她造成的。

不会的,是我多虑了！绫一的手终于从听筒上收回。

绫一虽然对医学上的事不太懂,但最多不就是堕两次胎吗？绫一也常常看男性杂志,杂志上也刊登过有关年轻女人堕胎五六次的事。假如有影响的话,那也是十四年以前的事,博子的身体理应早就康复了。离婚之类的事情,别人是无法揣测的,也许夫妇之间原本关系就不好,所以才没有孩子。现在把没有孩子当作离婚的直接原因,为时还太早吧。

尽管如此,博子还是太可怜了。一种沉甸甸的感觉沉重地压在绫一的心头。

妻子和女儿的面容掠过绫一的脑海。

去年暑假,全家去夏威夷旅行。女儿因为玩得太累,竟然发起了高烧。于是决定什么地方也不去,一家三口窝在房间里,趴在一张巨大的双人床上玩词语接龙游戏。

绫一说:怎么样？我们来接与夏威夷有关的词语？女儿便撅起嘴说:那太难了。

菠萝,红宝石颜色的夕阳(在日语的外来语里,"菠萝"的最后一个发音和"红宝石"的第一个发音都是同一个音。——译者注),耍滑头啊!阳光公寓,夏威夷民族服装(在日语的外来语里,"公寓"的最后一个发音和"夏威夷"的第一个发音都是同一个音。——译者注),好啊,好啊……

那时,全家陶醉在天伦之乐里,女儿的头发非常飘逸,完全吸收着南国阳光的馨香。这样的时候,博子在做什么呢?在博子和自己之间,的确有过两个孩子。但是,自己已经把那件事忘得一干二净。

绫一在心中暗暗地责备着自己:这难道是可以忘记的吗?于是,他仿佛听到远山的嘀咕声:就是嘛。

这样的事情人人都会经历的。避孕失败怀上了孩子,如果是真正的男人,这样的事情就不应该忘记的,只是嘴上不说而已。难道就不应该回过头去看一眼以前的女人吗?你到底在想什么呀!

最后这句话,是绫一在责备着自己。

记忆,就像是一种无法摆脱的麻烦,像蚊子一样,你越赶它,它就越是烦心地缠绕上来。这实在是绫一没有想到的。绫一以前从来不认为自己是一个很清纯、很洁癖的人。绫一已经三十七岁,他承认自己作为男人是狡猾有余、小心谨慎的,这就是自己的真实面貌。因此,在同一期进公司的人员中,绫一的晋升算是快的,尽管住的地方靠近千叶,却已经在二十三区里拥有了高级公寓。

绫一从来没有过引起周围人猜测的那种婚外情,但在出差时偶尔也打过野食,甚至不知中的什么邪,还和来打工的女孩子有过四次性关系,现在那个女孩子已经辞职离去。他相信自己还属于青年的一类,但腹部已经呈现出中年的征兆。

自己已经经历了许多,却为什么会如此牵挂着以前的女人,并感到这样窝心呢？也许是因为自己改变了对方的命运。无论怎么想要在头脑里抹去，这么沉重的疑问却始终压在绽一的胸膛里，沉睡在内心某一个角落里的波澜只会掀得越来越高。

仔细回想起来——不！即使不用仔细回想，自己年轻时就有着自以为是、非常傲慢的习性。没有在俱乐部里当上干部，原来一直以为是博子的原因，其实问题出在自己身上。二十岁上下时，同学们就肯定看出他是一个对人生喜欢进行盘算的人。即使对博子，也是如此。从第一次与她做爱的时候起，自己多半就已经认定这个女人不是结婚的对象，只是玩玩而已。所以，当她向他说起自己的许多往事时，他感到烦人，他根本没有想到过要分担她的哀伤和苦闷。回想起来，绽一感到极度的后悔，原来还以为那样的悔意是六七十岁的老人才会有的。绽一现在就非常厌恶十四年以前的自己。他甚至真想把那个时候穿着直筒牛仔裤的自己痛打一顿。这样的情感不是后悔又是什么呢？

半个月后，绽一给远山打电话，告诉他，他想知道博子的联络地址。

"事到如今，你再去见她，你想干什么？"

不出所料，传来对方揶揄的声音。

"听说以前的女朋友离婚了，你是不是想让她再给你干一次呢？"

"哪里的话，我只是想见见她，和她说说话。"

尽管两人是一丘之貉，曾相互炫耀有多少女人与自己睡过觉，但博子堕胎的事，绽一从来没有向远山提起过。

"如果真的已经离婚了，我不应该去慰问她一下吗？"

"行了行了！有那么浪漫吗？这个嘛……男人这个怪物，一旦朝着四十岁爬去，有的人就会突然做出稀奇古怪的事来，你不会是那样的人吧。"

"什么稀奇古怪的事?"

"就是啊,考虑自己为什么而活着,是不是甘心就这样度过自己的人生,突然开始考虑起那些烦心的事来。严重时还会辞去工作,或迷上没有味道的女人。嘿!一过了四十岁,就好像把附在身上的妖魔赶走了一样,人又回到了原点。"

"我没有那样的荣幸呀!"

只是感到堕掉自己孩子的女人很可怜。绂一想要作出这样的解释,但他当然说不出口来。

闷闷不乐地等了四天,远山将博子的电话号码告诉了绂一。据说,在同届的网球队员中,有人现在仍和博子互寄贺年卡,那个电话号码就是从那位当年的女队员那里得来的。

"那位女生说,今年的贺年卡上,博子的姓已经改了,才觉察她已经离婚了。好了,不说了,我告诉你吧,现在她住在横滨一带。"

绂一把博子的联络方法写在公司的便笺上,将便笺放进钱包里,磨蹭了好一段时间,才好不容易鼓起了拨电话的勇气。妻子凉子最近常常出门,说是同学聚会。据她自己说,学生时代的挚友因为丈夫去国外任职结束后回国了,所以要她去帮着料理。女儿早就去了私塾补课。绂一将电视机的声音调低,坐在沙发上。他用手指指着笔记本,一个号码一个号码地确认着。

"喂,喂。"

没错。是博子的声音。与十四年前的声音相比,好像稍稍有些见老,但应该是这样的声音。

"喂喂,是筱田博子小姐的府上吗?"他不愿意听到女人戒心十足的声音,所以一口气说道,"是我呀,我是仓田绂一。"

"呃,是绂一?"

女人不由得失声惊道,声音里充满着怀恋,但也隐含着对绂一的不满。绠一想听到她第一声掺杂着更复杂感情的声音。

"很久没有听到你的消息了。我听远山提起你,所以我在担心着不知道你怎么样了。"

"哈哈,你是听说我离婚了吧。"

她的笑声既像自嘲又像讽刺,是以前的博子所不可能有的。绠一不知为何,顿时感到一阵不安。他的心情是:还是赶快把想说的话说了吧。

"我能不能和你见一次,我有话要对你说。"

"见面要干什么?你要说什么?"

博子又低声地笑了。绠一知道改变她的嗓音的,不仅仅是逝去的岁月。

"我无论如何想要见见你,要当面对你说啊。"

"那么,你现在说啊。你打电话的时候,夫人和孩子肯定不在身边吧。既然这样,现在说不是一样的?"

"我有事情必须要对你说啊。"

"在我和仓田先生之间,没有任何必须要对我说的事吧。"

分手的时候,博子把"绠一"改称为"仓田",这里面蕴含着各种复杂的情感。但是,现在和称呼萍水相逢的男人没有任何不同。绠一因此无端地涌出焦灼的情绪。

"我要向你道歉。"

绠一慌忙说道。

"我对你很残忍,现在我才知道自己太无情了。"

"你是指孩子的事……"

博子脱口说出只有他们两个人知道的暗号,所以绠一感到非常扫兴。

"是啊……那件事如果对你的人生带来了影响……"

"想要带来也不可能啊。"

这次,博子的笑声里含着轻蔑。

"事到如今,我请你再也不要提起那么愚蠢的事了。对了,我还是要让你安心。第二个孩子,不是你的孩子哪。因为你要分手,已经是显而易见的事,所以我才那么做了。你不要跟自己过不去啊。"

那么,没有别的事情了吧。电话就挂断了。绂一调大了电视机的音量。他的悔意甚至令他感到胸口疼痛。能抚平他这种心痛的,只有电视机。与抛弃女人相比,更加让他感到深深后悔的,就是自作多情地想着那个女人。

怨女情结

朋友说,女人这个东西,其实是既有趣又很可怕的。

他在一家老牌的制片公司里处于相当高的地位。当然很多人认识他,他在文艺界里也有很多熟人。

"和我关系密切的女演员吧……"他这么说着,十分谨慎地补充道,"不,不是那么有名的女演员,在舞台上也就是第三号或第四号,你不认识的。"

她从年轻时起就是一个男人的情人。男人当然有妻子和孩子,可是她不那么计较,也不会去为难对方的妻子,和男人保持着很深的关系达十年以上。可是今年三十七岁,她终于决心分手,立即和一位与自己的年龄差不多的男子结婚了。

"现在她怀孕六个月。在我的眼里看来,她挺着个大肚子,样子并不那么好看,可是她用尽了一切手段,想让前一个男人看着她那挺着大肚子的模样。她频频地出现在媒体面前,还请人为她拍照。她好像是想让对方看见她那副当母亲的幸福流溢于表的模样。那副架势很让人吃惊,又有些咄咄逼人。"

说那女演员不那么有名,我觉得大概是说谎。因为舞台上跑跑龙套的女演员,媒体是不会为她拍照的。我估计说的就是那个女演员吧。

"我再说另一个女人吧。"

我不想打听那个女演员的名字,因此他又开始说起另一个女人。

"在和一名年龄比她小的歌舞伎演员交往。当时他正好是二十岁上下。她的年龄比他大一圈(指年龄大12岁。——译者注),但是她却迷上了他,被逼分手是相当痛苦的呀。如果那样的话,你不会吃惊吧?那个女人最近也快四十岁了,却挺起个大肚子。是和年轻的男人结婚了。于是啊,她要做的事情也是一样的呀!她怎么也压制不住想让原来的男人看看自己模样的冲动。快要临产时她来到歌舞伎剧团。看见她那副样子,我连招呼都不敢打就逃走了。"

他大概有些醉了吧,变得饶舌,连这样的事也对我说。对方那个男人和他是同一个年代的人,所以大概也有五十五岁多了。他除了妻子之外,也有一个长期交往的女人。

"那样的事就叫孽缘吧。女人一旦对他死心,就会和别的男人结婚。但是,那小子是横插一杠,所以也没有生孩子,她们过了两年就离婚了。我后来才知道,男人和女人之间总是扭扭捏捏若即若离,竟然会那么难以分手。我真是服了。可是男人呢,你猜怎么了?正值壮年却去做了个输精管结扎。那样一来,本来无论他怎么样都不会和他分手的女人,突然就提出了分手,干脆得令人不敢相信。以后事情到底发展到什么地步,我不太清楚。女人已经四十五岁,如今已经不可能生孩子了吧。据说大吵了一场以后,她心里已经完全凉透了。是一种什么样的心情?我真的不太理解啊。"

我觉得好像能理解呀!我说道。而且,我想起了一个朋友。

朝子说,在离婚协议书上盖章的时候,最先浮现在她脑海里的面容,既不是父亲也不是母亲,而是前面一个分手的男人。她仿佛听到那个男人在这样嘲笑她:"幸好不是我啊。"

不过,在那个男人——加濑的举止和声音中,朝子最喜欢的就是嘲笑她时的神态。这好比是做爱的前戏,是中年男人表现出来的、被惯坏了的从容。在短暂的婚姻生活中,朝子常常会想起加濑那带着笑意的声音。她满脑子都是加濑的影子,因此与丈夫不可能完全融合,这也是理所当然的。

即使想要被丈夫抱在怀里,脑子里却想着其他男人,没有比这更糟糕的事了吧?她有着一种自信,相信自己内心里的念想,绝对不可能被丈夫看透。但是,虽然没有被丈夫看透,然而心中那种气息似的东西,也许始终缠绕着朝子而没有离开过。丈夫的心不知不觉地离她而去,更要命的是她的心也离开了。结婚生活只过了一年半。

朝子感到无地自容。当然不是对社会感到惭愧。她一瞬间想到,如果被加濑知道的话,他对她会有什么样的感受啊。

朝子提出要与刚结识的男子结婚的时候,周围的人都大吃一惊。因为她与加濑的事持续了那么久,而且是公开的。其中有的人甚至直言不讳地说她是"以结婚来炫耀自己"。

但是,新的男人以年轻人特有的猴急,对朝子死追猛打,最后把她拿下。我已经逃脱不了了呀!朝子是乐不可支的。

"这样的事我是第一次遇见。我总算明白了,结婚原来是这样的。总之,靠的是速度和时机吧。"

而且,她祈祷着希望她说的这些话能够传到加濑的耳中。但是,朝子既不是女演员也不是名人,她的话不可能传到对方的耳朵里。但愿朋友中有人会把这样的话传给加濑,大家都有着成年人特有的谨慎,不会有人把马上就要结婚的年轻情人的话,去传给刚刚分手的男人听吧。朝子对此感到极度的不满。

情热的法则

朝子是从学校毕业后一出校门就开始与加濑交往的,所以两人的关系已经保持了八年。刚开始两人都情意绸缪柔情似蜜时,加濑说过要与妻子离婚,孩子也不要了。他的确说过。然而朝子却出自年轻姑娘特有的洁癖和对对方家人的同情,还有在相当程度上的装模作样,她哭着对加濑说,以后不要再说那样的话。

"你只要这样爱着我,我就已经足够了。我不想索求再多的东西,所以你不要再讲出那样的话来。"

而且,加濑非常遵守约定。从此以后,他再也没有提起过结婚之类的话。不知不觉地,朝子在内心里开始急切地追求起这件事来。

但是,刚认识不久的年轻男人是怎么样迅速地把朝子梦寐以求的东西给了她的呢?求婚的誓言,订婚戒指,结婚礼服,夏威夷新婚旅行,这些朝子企盼的东西,一件接一件就好像从珠宝箱里拿出来似的放在她的面前。朝子这时已经是两眼一抹黑,什么都看不清了。结婚之前的女人全都是这样。

但是,朝子比别人更喜欢浪漫。她梦想在最后关头发生大的波澜,即,加濑抛弃一切,投入夺回朝子的战斗。但是,那样的事情不可能发生。朝子死心了。与其这么说,还不如说她完全沉浸在仪式前的忙碌之中。

在一流宾馆的宴会厅里举行的披露宴,是非常非常气派的。

"朝子这样的人,就好像是再婚一样,根本用不着到这里来将排场搞得这么大。"

关系密切的朋友这么指责她。但是,三十岁刚过的朝子穿着婚纱礼服的媚态,得到了大家由衷的赞叹,这并不是恭维。女人在最旺盛的时候能够穿上婚纱礼服,她真切地感到自己很幸运。母亲知道她和加濑的事情,因此也连连感叹,甚至还痛哭起来。朝子把自己和已经成为丈夫的男人一起将桌子上的蜡烛点燃的情景拍成的照片制成贺年卡,而且她犹豫到最后还把贺年卡寄送到加濑的公司里,上面没有写一句话。

但是,加濑收到贺年卡后没有回信。这让朝子得到了极大的满足。她心里想,看到她穿着婚纱礼服的媚态,恐怕他怎么都无法保持平静的心情。嫉妒和对年轻的羡慕、渴求,已经永远失去朝子的失落,会怎么样去折磨他啊。朝子真切地理解了,结婚的喜悦之一就是这个。

在朝子的朋友中,有好几位女友都在自己的结婚披露宴上招待以前的男人。有公司里的上司或前辈职员,一般都是婚外情。对方男人接到请柬后处于不得不出席的境地。让那样的男人看看自己穿着婚纱礼服的身姿,求得他们的喝彩和祝福的笑脸。最早听到时还觉得这是一种恶作剧,不过现在已经很能理解她们的心情。如果能做到的话,她们想送的不是贺年卡,而是录像带。

而且,朝子决心到了明后年,要把自己抱着孩子和丈夫拍在一起的照片制成贺年卡。

与加濑的交往最一往情深的时候,加濑对避孕十分小心,已经到了可恨的地步。对这样的男人,让他看看可爱的婴儿照片,他会是一种什么样的感受啊……

和丈夫生活的一年半,她不会这样满脑子想着加濑的,而是在蜂拥而来的幸福中梦想着无聊的复仇计划。不久和丈夫之间真正的争执一开始,就怎么也不是能想入非非的状态了。走入败局的决定性原因,是丈夫打了朝子。虽然只有这么一次,但朝子呢喃着"这已经无药可救了"时,感觉到一种终于可以下定决心的欣喜。让朝子的母亲来说,就是"两个人该分手就会分手的"。

夜里在床上经常想起加濑,这是事实,但分手的原因不可能是因为与加濑的事。如果是那样在乎加濑,朝子真的很委曲。虽然原因在于别处,但朝子早晚会跟丈夫分手的。而且一想到这事早晚会传入加濑的耳朵里,朝子就很窝心。总之,朝子感到委屈得不能自制。

朝子在一家地区杂志当记者,原本是在一家小型出版社里工作,但那家出版社在泡沫经济时代因为社长投资股票而开始败落,以后经过熟人的介绍,跳槽到现在这家公司里。

虽说是地区杂志,但在屈指可数的几家杂志中,历史算是悠久的,还常常委托名人执笔。还要猎取饮食方面的报道,这对贪吃的朝子来说,是一个非常称心的工作。说是地区杂志,也算是媒体,朝子对离婚之类的事不太当回事。她竭尽全力地工作,毫不顾忌地工作到深夜,也学会了喝酒。婚姻中朝子常常晚回家也是引起争吵的原因之一,但是独身了以后,任何顾忌都不需要了。

这期间,刚离婚的女人身边,会有男人涌来,这是千真万确的。男人大献殷勤地追求她,吃饭和喝酒的邀请也突然多起来。但是,朝子十分在乎加濑,却没有收到加濑任何的信息。朝子心想,他不知道我离婚的事吧?不,那是不可能的。

她和加濑之间有不少两人共同的朋友。与好消息相比,坏消息传播的速度应该快得多。朝子与丈夫离婚的消息,理应早就传到了他的耳朵里。

但是,过了两个月,过了三个月,加濑那里根本没有打来过一个电话。朝子渐渐地焦虑起来。

结婚的时候搬过一次家,单身之后又搬到一个小房间里。朝子的电话号码应该换过两次,但如果向什么人打听的话,不是能马上就打听得到的吗?最重要的是,朝子的手机号码没有换。听到原来的情人离婚了,一般来说男人总应该打一个电话问候一下的。难道不是吗？

自己并不是想死皮赖脸地重修旧情。虽然和加濑一起的确度过了很长一段情意缠绵的时光，但自己还不是那种重逢后马上就旧情复发的轻率女人。

朝子所希望的场面是某天加濑打电话来邀请她吃饭。地方在两人常去的那家小巧玲珑的意大利餐厅就行了。真是苦了你啊！加濑说道，再说些安慰的话吧。他喝着酒时，醉意一上来，便突然变得温情脉脉，露出朝子十分喜欢的那个嘲笑人时的笑脸。

"幸好不是我。那么任性又不谙世故的大哥，和朝子不可能和睦相处。"

加濑肯定会说，和刚开始交往了三个月的男人考虑什么结婚，这就是一个错误啊。如果他这么说的话，就这样回答他：哎，八年也交往过来了，不是还是不懂得男人真实的心意吗？

说不懂得真实的心意，这是什么意思？我是一直想让朝子看见我真实的自己的！

怎么回事，我一点都没有看懂啊。

又在说怄气的话。朝子，不知为什么你很擅长让人憋不过气来的。结婚的时候也是这样。听到那个消息，你知道我有多么痛苦，多么讨厌自己……

在朝子的妄想中，加濑不知不觉地在餐桌底下握住了她的手。那只硕大而手指秀长的手。朝子牢牢地记得他那手掌心的温湿程度。甚至男人会怎么样争辩，会怎么样念念叨叨，朝子都记忆犹新。在这出独脚戏中，她甚至能够说出男人的台词。但是，加濑那里的电话还是没有打来。

干脆，自己和他联络吧。朝子这样想。她和这样的念头不知搏斗了多少次。但是,当时提出分手的是她。朝子还清晰地记得自己快嘴快舌地告诉他要结婚时的胜利感。那天夜里把她送到她家附近、说有些话想对她讲、恳求她让他进屋的,不就是加濑吗?当时自己处在多大的优越感和喜悦之中啊。那种快感,没有经历过长期不伦之恋的女人是体会不到的。这是对男人的报复,那个男人曾经无偿地贪婪着她的肉体和年轻。自己成功地将要与别的男人结婚这把利剑插进男人的心脏,使男人流血。怎么可以眼睁睁地将"胜利"拱手相让呢?

就在这样的时候,一天,一名女友打来了电话。她和加濑关系密切,以前曾经常一起喝酒。她将朝子期待着的加濑的消息传递了过来。在唠了很长时间的家常之后,她若无其事地说了这样一句话。

"这么说起来,上次我见到加濑了,他在担心你呢。"

哼哼!朝子答道。因为加濑的反应令她不太满意。"在担心"这个反应,不是形同路人的客套话吗?仅仅只是担心的话,就连朝子的父母都在为她担心。如果是长期有着肉体关系的男人,就应该再有一些别的话语。尽管对朝子的女友们不能袒露自己真实的心情,但通过他人的嘴里听到的"担心"这个词,总有着一种虚假的感觉。

这天夜里,朝子受几个男人的邀请去了闹市区的酒吧里。一名男子很殷勤地说朝子离婚后变得越来越漂亮了。

"当时我真希望朝子不要结婚啊。一想到她当了别人的夫人,就连约她都感到难以开口了。说句不中听的话,朝子单身,有很多男人乐不可支呢。"

这样被男人们围着喝酒,朝子心里暗暗地祈愿加濑能够看见她这副模样。男人们将朝子夹在中间坐着,在桌子底下压着她的膝盖,装作喝醉酒的样子不时地将手伸到朝子的肩上。

围绕着年轻而漂亮的朝子,男人们毫不掩饰自己的欲望。朝子希望加濑能够看见她这样的情景。但是,随着醉意的发作,朝子感觉到那种希求在渐渐地萎缩。即使加濑看见了自己不感到那么幸福的场面,那会怎么样呢?他是很敏感的,肯定会察觉朝子内心里的空虚。

坐在朝子右邻的男人,左邻的男人,坐在正面的男人,全都有着家庭。刚刚离婚的女人,正好适合他们稍稍想要冒险的花心。即使从那样的男人中挑选一个,那也只能制造加濑的仿造品。朝子仿佛觉得自己看见他在莞尔一笑。

加濑那里的电话,还是没有打来。

突然袭来的寂寞,是因为离婚带来的,还是因为没有得到加濑,连朝子自己都捉摸不透。受男人的邀请去喝酒或品尝美味佳肴,朝子都已经腻味了。她清楚地知道,与其说自己现在正受宠,还不如说是受到轻蔑了。要不然有着妻子和孩子又一无是处的男人,为什么理所当然地追猎着自己呢?就连公司里的男同事都对她说些厚颜无耻的话,令朝子目瞪口呆。出门去旅游,她更是完全感到厌恶了。

最近还是工作方面要有趣得多。按照朝子的计划,新的连载即将开始。那是采访商店街年轻女老板之后写的报道。这条街上有好几家被称为老铺的商店,所有的商店无一例外全都面临着继承者问题和萧条问题的磨难。想听听敢于嫁到那种地方去的年轻女性的想法,这是朝子狙击的目标。

事先取得预约,和阿直一起去。阿直是编辑部里非正式聘用的摄影人员。如果只是脸部照片应付一下,朝子自己也会拍摄,但这个连载是单色一页刊用女老板的照片。朝子觉得还是应该请专业的摄影人员来拍摄,因此就点名要年轻而出场费也便宜的阿直。

平时也使用公司里的汽车,但一般和阿直一起乘坐地铁去。今年夏天天气酷热,朝子常常在半路上去咖啡馆请阿直喝冰咖啡。

"真好喝啊,就像又活过来似的。"

阿直穿着件T恤衫。喝干咖啡时,朝子看见阿直的胸口处在缓缓地上下波动,感觉是年轻的身体在极其有力地吮吸着液体。听说他从摄影的专业学校毕业已经是第三年了,所以大概有二十三四岁吧。还听说他光靠摄影的工作还养不活自己,晚上在附近的一家居酒屋打工。

"下次请朝子来吃啊。说是居酒屋,也有油炸套餐和杂烩小吃,很多是全家来吃的。现在的父母,自己喝着啤酒,让孩子们吃炸猪排。你朝子如果来的话,我请客。"

"我不可能让阿直这样勤俭的人来请客呀!我自己付钱。"

朝子笑了。

接着过一个星期后,朝子忽然想起便去了阿直打工的居酒屋。阿直穿着白色的衣服,正在端送生啤酒。

"小孩子啊,简直像个学生啊。"

正如同去的女友说的那样,阿直显得十分幼小。他一看见朝子,便喜出望外地把她们带到日本式包房里面的上座。

"你们先慢慢坐着。我们的烤鸡肉串很香的,你们一定要尝尝。"

阿直快步离去。他那穿着牛仔裤的背影极其纤弱,朝子感到胸腔里热起来。一边追求着要当一名摄影师的理想,一边直到深夜还在打工,年轻人这种值得称赞的举动不可思议地刺激着朝子的心,令她感到喘不过气来。

十天后,这次朝子一个人去了店里。阿直是上早班,所以以后两个人一起去喝酒。在酒店里,不知道是怎么提起那样的话题的,阿直突然说出想让朝子看看他的作品。在另一个日子里,朝子乘坐出租车去了阿直的住宅。

那是如今已经很难见到的木造住宅，六张榻榻米大小，还带有厨房和小型的厕所。他利用壁橱做了个暗室。他走进壁橱后招手让朝子进去。

两人将身体贴在一起看着几张用别针阴干的照片。令人吃惊的是，其中有几张是年轻女人的裸体照。虽然乳房还不能算是丰满，但身躯的纤腰和颀长的腿脚，在强烈的灯光下显得十分抢眼。

"是摄影学校里的同级生，因为身材非常匀称，所以我请她让我拍摄的。"

阿直这么说着时，他的声音是颤抖的。朝子伸出手触摸他的嘴唇。对年轻女人的嫉妒在黑暗中突然冲涌上来。以后主动将嘴唇重叠在一起的，也是朝子。将手伸进他牛仔裤拉链里的，也是朝子。两人躺倒似的跌出壁橱外。那以后掌握主导权的是阿直。

朝子沉湎在年轻男人的怀里，全身心地包容着男人。回想起来，与男人睡觉，离婚后还是第一次。

朝子不久就开始和阿直一起生活了。不过，正确的说法应该是阿直住进了朝子的公寓里。这件事出乎意外地招致人们的反感。

"你非要逮住那种渣滓似的年轻男人……"

人们大多数是这样的看法。朝子的前夫是著名企业的薪金制职工，和他结婚时，周围的人们都称赞朝子是一种明智的选择。但是，这次可不得了了，朝子简直像被说成是只想和年轻男人做爱的糊涂女人。

就连最近常常说出前卫性意见的朝子的母亲，也哭着恳求朝子与年轻男人分手。

两人开始一起生活后，朝子马上就怀孕了。因为年轻的阿直对使用避孕用具很不耐烦，径直就挑逗上朝子了。但是，这时怀上的孩子,朝子决心堕掉。她没有结婚的打算,而且她估计现在凭自己一个人的收入要养活孩子是很勉强的。

可是,七个月后朝子再次怀孕了。诊断的医生向她提出忠告,说她已经过了三十岁,不能经常打胎。

那以后发生了各种事。阿直放弃了摄影,在一家销售电器的廉价店里工作了。他想当父亲,因此发誓要选择一条有正规收入的道路。朝子别无选择地在结婚申请上押了印。连她自己都不知道事情怎么会变成这样。如果有人问她真的那么爱阿直吗?她仿佛觉得是自己搞错了。如果有人问她是不是想结婚,她也许能明白无误地回答"不是"吧。最正确的是,她被一种肉眼看不见的巨大力量推挤着,被拉到了自己不太喜欢的沥青道路的中央。

朋友们对朝子所做的事异口同声地说不敢相信,甚至还有朋友当面说她原本应该更理智些。在这期间,肚子里的孩子渐渐地大起来。于是朝子的母亲好像涌现出对第一个孙辈的喜悦。女儿与贫穷男人结婚,出自对女儿的怜悯,母亲还购置了婴儿用品。

在一个天气晴朗的星期天,朝子和母亲一起去闹市区的百货商店。买好东西以后,母亲说要去一趟地下的食品柜,朝子这时就去了一楼的化妆柜。在那里,朝子看见了迎面走来的加濑。五年没见,他几乎没有变化,只是头发里稍稍多了些斑白。他一看见朝子便"呀"的一声,说好久不见啊。不是听说结婚了?是啊,没有接受第一次的教训吧。嘿,如果找到意气相投的男人,那就可以了。加濑说道。那就再见了。他摆了摆手。直到最后,他都没有向朝子那挺着的大肚子瞧一眼。

朝子又开始往前走。她朝放在陈列柜上的镜子瞥了一眼。那里有个穿着花纹孕妇服的孕妇,显得十分土气。有的女人怀孕以后会变得漂亮,但更多的女人会变得有些邋遢。朝子觉得自己是后者。

不应该这样的。她何时曾想让加濑看看她怀孕后笼罩在幸福光环里的身姿,这不是自己的梦吗?怎么会变得这样了呢?想让加濑看的,不是自己这副模样。希望自己成为的,也不是这副模样。

她的脑海里浮现出"命运"这个词。没有如自己的所愿,是靠着"讽刺"这个东西装饰着的。这也许就是人们所说的生活。朝子突然想笑了。

内田春菊

1959年生于日本长崎县,1984年以漫画《空棘鱼布雷因》成为走红的漫画家。作为小说家,她的处女作《Father Fucker》入围日本最高文学奖项之一的直木奖,《希绪美》是她的另一部重要作品,曾入围日本纯文学最高奖项——芥川奖。她小说的主题大多环绕着对女性情欲的揭露与借着"性"来联结的现代男女关系中微妙的矛盾和哀伤。日本评论界称她从远远的角度来写人物的手法十分高明,且语言风格具有不可替换的独特性,原汁原味地呈现出时下年轻男女的内心世界。

希绪美

那个决定性的电话通过之后,我久久地坐着,只是默默地发呆。我想痛哭一场,却找不到哭的理由。关键是晋不在。不在晋的面前哭就变得毫无意义。然而晋却谎称出差躲到哪里去了。怀孕已经四个月,这个时候要堕胎,就是想想都会让我感到害怕。我拖着四个月的身孕,想起晋说过的话:"我是很喜欢孩子啊。我们结婚不是为了想要孩子吧。你如果不为我好好着想就糟了。"我还把哪本杂志上刊登着的胎儿照片让他看,对他说:肚子里的孩子长到五厘米左右,就连手指和眼睑都已经长出来了呀!我还不厌其烦地给他看胎儿检查时拍的片子,指点着告诉他,这里是心脏啊,可爱吧,那样可爱……然而他却为什么……

这么说起来,我刚入籍时也发生过类似的事情。在举行结婚仪式和披露宴时,他是那么地欢快,当着大家的面还吻了我,说"我要让你幸福"。但是结婚旅行回来,去区政府办理入籍手续后,在回家的路上,他就突然缄口无言了。无论我怎么讨好他都无济于事。最后我娇声地对他说:"从今以后,我要一辈子待你好。"而且,以后我就不去公司里上班了。我每天度日如年。公司里的人还都一无所知,以为我是结婚旅行累了,鼓励我"要努力啊",我的眼前却是一片漆黑。我去以前上班的那家公司求他们让我去打工,也是因为我实在不堪忍受了,与不安定的生活相比,我更不愿意每天看着晋那张阴沉的脸过日子。也许是想赎罪吧,晋每天都来接我,但他还是不说话,只是默默地走着,一言不发地吃完晚饭,然后回家。你听我说,现在回想起来,他如果先回到家里代替我做饭,也许会伤害他的自尊心。每次来接我都是在外面吃饭,这样的状况在经济上就太奢侈了。可是我因为害怕,怎么也不敢把自己的想法告诉晋。我觉得如果说出来,我们的关系就完了。我们很少用语言交流,却不知为什么经常做爱。有一天他从背后和我做爱,他为了体外射精将下身拔出来的一瞬间,我本能地扭动着腰紧贴上去……而且,我怀孕了。

"都怪你扭腰的时候那么使劲……你是无论如何都想要……"

我从他的话里听出了他的潜台词,我终于忍不住哭了。我已经有了妊娠反应,这时孕吐加剧,我一边哭着,一边在洗手间里断断续续地吐着。晋一句话也不说。我从洗手间里出来想要漱口,在盥洗室里又想呕吐,发出"哇"的一声呕吐声。

"你忍着点啊!我听着都感觉不舒服了。"

晋的这句话,终于让我上火了。我抬起头,看见镜子里我的眼睛和面颊都涨得通红。我默默地走到里面的房间,把替换衣服塞进包里。

"……你要干什么啊!"晋不悦地朝我喊道。

"我回家。"

"为什么?"

"我去家里商量一下。"

"不行啊!你不要去。"

"你没有资格命令我!"我不由得大声嚷道。

"你不要走,希绪美。"晋用力抓住我的手臂。

"我痛,你放开!"

"我让你不要走。"

我们在推搡时,我感觉到晋的右手搂住了我的乳房。

"不行,你要干什么!"

晋想要抚弄我的乳头。他胡乱地卷起我的衬衫,解开我的乳罩搭扣,用舌头贴着我左边的乳头用力而激烈地煽动着。晋的右手已经伸进我的内裤里,手指在里面蠕动着。我死心了。我湿润着,那是因为怀孕分泌物增多的缘故。可是晋一定以为我很容易就起了情欲,他以为我就是因为想要这个所以才这样和他闹的,他以一种从容的举止硬逼着我舔着⋯⋯

接着过了片刻,晋沉静下来。他一副心安理得的表情去公司里上班了。相反我却因为妊娠反应而一动都不能动,那份打工的工作是我去求人家得来的,结果却把它辞了。

"这下,那家公司我也回不去了⋯⋯"

"不是很好吗? 希绪美快要做妈妈了呀!"晋见我泪流满面,鼓励我,"给孩子起个名字吧。你无论如何要振作起来。"

"我还没有那样的精神准备。"

我想让晋来抱抱我。头脑里还没有梳理的不安竟然会变成性欲,连我自己都感到不可思议,我甚至有一种想要叫喊的冲动:就是因为什么都用不着对我说! 我若无其事地挑逗他,然而他却没有来抱我,嘴上还说:

"不行啊。你已经怀孕了,刚怀孕的时候是最危险的。"

"没关系的,我想要,因为我身体想要那样做。"

我即使这么求他,他也只是对我说:

"不行呀!我害怕,三原家头一个孙辈被弄得流产就糟了。"

那么,上次我要离家的那天,你是怎么做的?我想这样问他。那天就是按他的要求从背后插入的,而且插得那么深。

"可是,上次……"我含混其词了。

"真拿你没办法。如果只是发情的话,就让我来帮你吧!"

"……"

看他那说话的神情,不像是开玩笑,我愣了好一会儿,最后只好认输,无奈地把晋身上的睡裤扒了下来。我呶着嘴不露出牙齿,专注地上下移动着脑袋,完全失去了自我。晋丝毫也没有想装得很舒服似的演技,好像排泄般默默地在我的嘴里释放了。满嘴的腥味熏得我眼泪都流了出来。他明明知道我受着妊娠反应的折磨,却让我无论如何不要吐出来。我虽然熏得慌,但为了不破坏他的好心情,我还是一口咽了下去。咽下后陡然涌出一股想要呕吐的感觉,我不由得用手捂住了嘴。于是晋伸手把卫生纸的盒子拉过来,抽出几张卫生纸,我还以为他一定是体贴我帮我擦嘴,我说了声"谢谢",不料他只是迅速地擦了擦自己的阳具,之后就连把卫生纸盒递给我的意思都没有。我从心底里感到冷了。然而晋却脸上浮出惬意的笑容,问我:"这下安静了?"这正是我想要说的话!

随后,晋马上就睡着了。我却因为情欲逐起而无法入眠,我已经湿润,我孤独地抚慰着自己却丝毫也没有舒畅的感觉。我真想像那天一样,他猛然撩起我的衣服,令我头脑里一片空白,忘记了一切。

"我也要做父亲啊。我要把胸板练得厚一些,像个父亲的样。"晋说着这样的话,甚至还买回了扩胸器。

"练练胸板,怎么就会像父亲的样了?"我问。

于是他回答:"以后要是抱孩子,或者和孩子亲热,身体很单薄,这还像话吗?"

"有那么回事吗?"

我不能理解晋的话,但晋却异常振奋。他甚至还讲出这样的话来:"那个演员,乳臭未干就有孩子了呀!而且扔在一边不管就去了美国。比我还小七岁就当了爸爸吧?"他非常在乎这种事,动辄就提起哪个演员或名人小小年纪当上了父亲。

晋从前就有这样的嗜好。只要是去修剪头发,就会翻找杂志,指着某位演员征求我的看法:"这次我想剪这样的发型……"头发还没有明显变长,每隔两个星期他就必然急着要去一次美容院,每次都想要给发型增添一些变化。开始时我还认真地向他提些建议,后来我感到很烦人,最后有一天我终于对他说:"不管什么发型都行啊。"当时晋脸上的那种表情,我至今还记忆犹新。我慌忙补充说:"晋,我是说你的头形很好,无论什么样的发型都很适合你。"但是已经晚了,他那唠叨了无数次的话以最冗长的形式开始了:"我吧,在见到现在的美容师之前,已经犹豫不决焦头烂额了,对不起。"还有什么晋的头发款式要稍稍"波浪"一下是非常难的,什么从来不染发却有些带棕色,什么那个美容师水平很蹩脚却还没有给他好脸色,总是板着脸,什么去美容院至今还会被人当作是一个学生,等等。这些话我都已经听腻了,甚至能够向他倒背如流地复述一遍。要说起来,在与晋还没有发生性关系的很早以前,这些话我就已经反复听了无数次。现在我还不得不耐着性子老老实实地听着他讲。我总是不明白,晋为什么对这些话会倾注这么大的热情。晋坚持说自己的头发要经常修剪,但是在我的眼里,他的头发不见得长得那么快,说是卷发,我也丝毫都看不出"卷"来。就是"发型剪坏了"的时候,或是"剪得太多"的时候,我仔细察看了他的头发,却怎么也看不出什么地方被修剪得像他说的那样了。

要说起来,还不仅仅是头发。从外表上看来,晋丝毫也没有刻意打扮的感觉,但实际上他却有着只有他自己才能够明白的细密的理论,我对他的这些理论也熟记在心。他穿高立裆(指裤子下裆到腰围的部分很高。——译者注)的长裤时,总是把腰部拉得很高,把皮带扣得很紧,因为这样可以使腿脚显得修长。晋甚至不让我穿松散的衣服。纵然去商场里购物,看见宽松的长裤,感觉很好,但他根本就不会理睬我,说:"你的腿又粗又短,那裤子不适合你吧。"甚至都不会让我试穿。有一次我只是试穿了一下,一打开布帘,他就大声笑着嚷道:"和你很像呀!"我只好死心了。还有,穿蓝色或绿色的衬衫也不行。据说因为这些颜色映衬在我的脸上,皮肤白皙的晋就显得像是一个病人。可是,远看显得很鲜艳的深紫色毛衣或鲜红的衬衫,他却好像完全能够接受。穿着色彩鲜艳的衣服时那份心安理得,简直让人怀疑他穿得那么时髦又会讲出一通什么谬论来。不过,他最称意的是白衬衫。什么?说是纯朴?荒唐。即使黏上一个小小的污迹,结果马上就扔了。牛仔裤也一样。可是,这是牛仔裤呀?然而他却心平气和地说:"有些褪色了,所以就扔了。"我惊讶地问:"呃,你不是说你喜欢吗?"他却说:"可是已经旧了,行了,可以再买。"普通的牛仔裤穿旧后眼看就穿出味来了,见他这副模样,我甚至都不明白他是不是真的喜欢牛仔裤。前几天他还对我说:"那条裤子已经旧了,把它扔了。""不行啊。那是我喜欢的,而且只是平时穿穿。"我这么一说,他便回答:"颜色已经掉了,有朋友来玩时显得丢人,买新的呀!"怎么回事?晋也许想装得家里很阔气吧?接着我们快要有孩子了,他难道想一直这么过下去吗?

"我的表兄弟里啊,"一天,晋流露出神往的目光对我说,"有个人在搞药品的工作。比我小五岁。他要去非洲出差了。于是他马上就

情热的法则

和正与他交往着的女人结婚,让女人怀上了孩子,然后他才去了非洲呢。所以夫人一个人留守在家,生下孩子,又自己一个人把孩子养大。怎么样?很伟大吧,这件事。真了不起啊。在一个远离自己的地方,孩子悄悄地出生、养大。作为男人,这不是一种浪漫吗?"

"呃,那种事,太可怜了呀!"

"可怜什么啊!"晋好像不服气。

"孩子出生的瞬间,看不见了呀!"

"出生的瞬间?那个瞬间,为什么非要看?"

"你怎么讲出这种话来?"

"就是从那里出来?我光想想就要吐!"

"……"我哑口无言。

然而,晋却并没有察觉他讲的话很残忍。我感到嗓子眼里憋得慌,眼泪吧嗒吧嗒往下淌。尽管如此,他却不朝我看一眼。

我终于扯着嗓子大声嚷道:"我要堕掉!"

晋吃惊地回过头来。

"你说什么呀!突然冒出一句……"

"我说要堕胎!"

"你干什么呀,怎么说出这种话来。"

"是从那里出来的,你讨厌啊!你不是说还要吐吗?"

"可是,这是没有办法的吧。我是个男人。"

"'没有办法的吧!'你非要说这种话啊!"

"别烦了。我说的每一句话,都是看着你的脸色说的呀!我说的是那个去非洲的表弟的事,却说得你不愉快了吧。如果从那里出来不愿意的话,可以剖腹产嘛!"

"你……是你自己说出残忍的话来,你还不明白?!我不生了!我回娘家堕胎!还要给你母亲打电话!"

"！"

挨打了。

也许正好是要站起来的时候吧,本来就有些头晕,再加上这一击,我的眼前一片漆黑。我脚下一个趔趄,脑袋"砰"的一下撞在墙上。我跟跄着坐下来。发出一阵声响,在我的周围,晋堆放着的CD稀里哗啦地撒落了一地。我挨打了！我还是孕妇！他对我说了那么让人不堪忍受的话,而且还打人……因为屈辱,我的眼泪夺眶而出。我还觉得如果不哭出来,身体会有危险。我放声地大哭起来。我说"给你母亲打电话",但我不能打,这我知道,因为晋最害怕的就是自己做的坏事被母亲知道。可是,我只是吓唬他。我真会给那样的人打电话吗？我知道。他母亲的话,我全都可以想象出来:希绪美,晋是一个很老实的孩子呀,这个孩子没足月就出生了,死过好几回,你不要欺负他啊,晋只是不知道怎么做才好……而且,他母亲也许还会讲出这样的话来:这次怀孕,不是你自己强求的吗？晋是一个为了自己不受责备、连我的一举一动都要向母亲报告的男人。我早就领教了。我带着玩笑说起晋的缺点,结果变成了"不会是你错吧"的话还给我,这样的结果出现了不止一两次。这种时候,还会有什么人和那种人说话！

"……不要哭了……"晋小声说道。

"我肚子疼,肚子疼！"我是骗他。

"……躺下啊。"

"你不要动！"

"那就躺在那里。"

晋默默地拿来了枕头和毛毯,于是我蜷缩在那里轻声地抽噎着,不久便睡着了。

"我受不了了。她无论什么事都拿怀孕当挡箭牌。"

情热的法则

我忽然睁开眼睛,听到隔壁的房间里传来晋的说话声,是在和谁打电话,而且是在说我的坏话。我的脸色一下子就白了,大概是婆婆吧。

"事情会变得这样,真不知道原因在谁的身上啊。是她要结婚,折磨起我来也是很狠心的,没有经过我的同意,是她自己要怀孕的,还不停地闹。我很失败啊!我应该和你结婚的。"

是女人!

"什么?你在说什么呀!离婚可不行啊。我一旦结婚了,离婚就……啊?你起床了?"

"你在和谁说话?"

"呃?是高中时的朋友。……好的,好的,以后再联络。再见。"

"是什么人?"

"是佐藤呀!你认识的吧。他很久没有来联络了。喂,你洗澡吧?"

晋去了浴室里。我按下电话的显示钮,是一个陌生的号码。他说"是打来的",这也是谎话。我把那个电话号码记了下来。

怀孕三个月的定期健康检查。在片子上可以看见肉团团的手和脚,胎儿的影子清晰地映现出来。

"呃,你快来看,上个月还只是一个圆圆的影子,现在已经完全是一个人了呀!手脚都能看见啊。呃,你不感到可爱?"

晋拿着那张片子看了好一会儿。

"他的头形很像我啊。嘿嘿……"晋微微地笑着说道。

"插在这个照相框里,放到公司里的办公桌上去吧?"我也变得高兴起来。

"好啊!我们真是一对糊涂父母(指溺爱孩子的父母。——译者

注)!"

晋说这话时也是乐不可支的。而且第二天,晋真的把那张片子带到公司里去了。

"这个晋也真是的,果然是真的喜欢。"

那天我也许是没有在意的缘故,只是感到轻度的妊娠反应。电话铃响,听在耳朵里也很优雅。大概是妈妈打来的吧?要不,也许是晋?

"喂喂?……"

哪里也不是。一阵长久得令人不敢相信的沉默之后,电话挂断了。

"嘿!大家都很喜欢,胎儿检查拍的片子,人气很足。"

晋回家时满面春风,我很难再提起那个无声电话。

"很好吧。你给人看了?"我装作很快乐的样子。

"太棒了。知道是我的孩子以后,大家都大喜过望呢。女孩子们还嫉妒得不得了。"

"嘿……"

"说,三原真的要当父亲了吧。还起哄呢,还有人说我像在说谎。"

"那么,那个女孩子,是你对她说我怀孕了。"

"嗯,呃?我对什么人说起时,她好像在一边听到的。会不会是喜欢我吧?嘻嘻嘻……"

晋发自内心地笑着,笑得很灿烂。

对了。准是那个女人。

晋谎称跑外勤,那个女人和晋一起消失了,而且就是她在说我的坏话。我翻找出笔记本,按下那天电话显示的号码。

"刚刚出去……"

听筒里传来不是她本人而是电话录音里没有情感的声音。一声录音声响过之后,我默默地挂上了电话。是不在家。尽管只有这样一些蛛丝马迹,但我认定对方就是她。晋是我的丈夫,他说要出差一个星期。我怀孕了,他却扔下我。这一个星期里,他打算和别的女人一起过。

"呃?不是去跑外勤去神户了吗?!"

晋也根本没有想到公司里的朋友会打电话给他。更吃惊的,还是那个朋友近藤。

"呃?不是,嗯……是带薪的,嗯……对不起,听说夫人孕吐很厉害要住院,我才打这个电话的,所以……真的很抱歉。"

不是近藤的过错,但近藤却拼命地道着歉。近藤是一个很拘谨的男孩,在我和晋举行结婚仪式以后,这里他只来玩过一次。

"我根本就没有住院啊!"这并非他的过错,然而我却大声地嚷着。

"呀,真的对不起。我总觉得自己哪里讲错了,真的很抱歉。他的呼机,你试着打打看。"

"打呼机?……"

"呃,那个呼机……他好像有吧?从前天起他就不在。也许他把呼机关了吧。我如果再打的话就画蛇添足了……对不起,真的对不起了。"

想起来当时还应该有很多事要问他,我因为事出意外而只顾着发火,所以失去了试探他的机会。公司里的那个女人,这几天应该没有上班。那女人应该连我做胎儿检查时拍的片子都看了。

我扑向电话机旁,按下通往晋公司的电话快键,我感到心脏仿佛跳到了嗓子眼里,但一听到近藤那比我更惶恐的声音,我才渐渐地镇静下来。

"三原夫人,刚……刚才对不起了。"

"嗯……我是问丈夫的事……"

"噢,是那事啊,他果然是出差了。是我听错了。对……对不起。"

看样子呼机开着。看来无论我怎么问他,他都不会说实话的,我必须谨慎应对。

"嗯……是这样,我想知道他出差地的电话号码。"

"哟,这个……我不太清楚,对不起。"

"近藤。"

"是。"

"我怀孕了,你知道吗?"

"这……这……我知道。"

"丈夫把我做检查拍的片子带到公司里给你看了?"

"啊……这……就是管理事务的林小姐说看到过的那个?"

"对不起,你能不能让那个林小姐来接电话?"

"呃……那……林小姐从前天起就休息着……这……"

"谢谢,有这些就足够了。"

"这……夫人,拜托了,您不要对三原说啊。"近藤的声音像是快要哭出来了,"很抱歉,我向您赔礼了。您要原谅我,对不起了。"

"那你按我说的去做?"

"我听您的。"

"今天,你来见我。"

见近藤如此听话,我感到有些乏味。我让他到我家里来,是因为我觉得他应该能从晋的照相本里找出那个叫"林小姐"的女人,我没有想到近藤会主动向我提起。

"三原先生在公司组织出去旅游时总是和林小姐一起拍照的,所以应该有很多他和林小姐在一起的照片吧?"近藤竟然这样问我。晋总想保留和交往过的女人照在一起的照片,这一点我最清楚了。重要的是晋这个人最喜欢自己的照片,但他还是收藏着很多和长相姣好的女人在一起时的照片。结婚时他已经作了处理,以前他把接吻的照片和在床上的照片分开秘密地收藏在相册里。结婚之前,他最大的乐趣就是闪烁其词地炫耀自己藏有那样的东西,令与他交往着的女人们相互嫉妒。

"我记得应该有。你来看,是这个人吧?"

在团体旅游的照片中,出现最多的女人一眼就可以看出来。这个女人头发秀长,眼睛硕大,一副甜美的样子,约莫三十岁不到。乳罩的细带和背带式长衬裙的下摆花边都隐隐地映现出来,是晋非常喜欢的类型。

"可是,你怎么会把这些事告诉我?近藤,刚才你不是还差点儿哭出来,求我不要告诉三原吗?"

"这……从团体旅游的时候起,三原就……和林小姐非常亲密了……我是觉得夫人……很可怜,真的。"

"……"

"你是说我显得很可怜吗?那当然啊!"

"不……我不是说您……我是说三原很可怜……"

"呃?什么意思?"

"这……三原说夫人每天都向他嚷嚷着说'我怀孕着',他很可怜的……还硬逼着他把胎儿检查拍的片子放在办公桌上,说'上班时要想着我',所以就把照片带来了……"

"胡说!"

"对不起……那林小姐……还说了很多古里古怪的话……我好像成了林小姐倾诉的对象了,她觉得对我无论说什么都没有关系……对我说了许许多多的事情……"

"怎么会变得这样?!"

"所以我……一直觉得很奇怪……我还打听了一下,听说……夫人不是那样的人……所以今天……也许是我心里的疑窦消除了……"

"……太过分了!……"

"对不起……"

"我说的不是你呀。"我这么说着时,眼泪就不停地往外流。

"这……夫人请不要哭。你看,我还是不应该说这些事。三原也对我说过,说如果觉得我妻子可怜的话,就干脆一直装糊涂。……对不起……"

这话像是晋说的。晋是相信"若要人不知,除非己莫为"这句话的。我也许不应该知道这些,如果我不知道,也许我反而是幸福的。我望着近藤那张哭丧着的脸,拼命地想要把握事态的发展。我冷不防看见近藤的双手握着放在草席上的我的手。而且,我看见他的手臂有些不自然地靠着双腿之间。我发现了。那家伙勃起着。因为过分担心被我发现,还欠身哈腰地用双手护着那地方。我的眼泪停止了。

"近藤。"

"是。"

"我头晕。你帮着我躺到床上。"

近藤的身体一下子跳了起来。

"怎么回事,你突然就……你身体……"

近藤还装着一副男孩子的模样。他的内裤里胀得满满的,我却心术不正地将因怀孕而膨胀起来的乳房压在他的臂膀上。

"啊……"

"嗯……我感觉不舒服……"

我故意打了个趔趄,在床跟前蹲了下来。

"你要顶住,夫人,你要紧吗?"

我已经完全陶醉在这样的表演中。近藤一边护着自己的股间,一边伸出手来想要扶我。我躲开他的手,故意一把抓住了他的裤子。年轻男人的气息喷涌而出。

"呀!"

"啊!"我也装腔作势地发出喊声,故意装出一副惊慌的表情退缩着,"近藤……"

"呃,这……你怎么了?没关系吧,夫人。"

近藤好像还觉得我不至于把他勃起着的事点出来。我改变了战术。

"呃……没关系……你帮着我躺下,谢谢你,求你了。"

近藤扶我起来,我们两人抱在了一起。我们就这样抱着,近藤想要把我放到床上,我紧紧地抱着近藤的后背。他的耳朵就在我的嘴唇前。我狠狠心用带着喘息的声音在他的耳边轻轻喃语着:"勃起着。"

近藤的耳朵变得通红。

我紧接着说了一句"来吧……我愿意",然后把舌头伸进他的耳朵里。我刚觉得脖颈上有一股炽热的气息,近藤就已经吸住了我的嘴唇。

从神态上来说,他当然能够明白,但看来他不那么了解女人。我们将舌头缠在一起只有五六分钟时间,连胸口也没有抚摸。我有些担心起来:这孩子不会是第一次吧?

终于开始揉捏乳房。

"很大……"我轻声呢喃着,"乳头也又大又黑,真难为情,我……"

我自己解开衣服的纽扣。我感觉如果让近藤来解的话,不知道会花多少时间。

"啊……你的乳罩真漂亮……"

这么说起来,决定近藤白天就来以后,我事先已经把内裤和上衣换成漂亮的了。

"你会解吗?"

"呃……我来……"

近藤花了比晋多五倍的时间解开了暗钩。当他看着我赤裸着的胸口时,不由得轻声惊叹。

"真的……乳头很大……"

近藤伸出舌头,悄悄地舔着左边的乳头。

"不要太用力啊,太用力,我痛……比平时更敏感……呀呀……"

这是我和晋在一起时从来没有说过的词语。晋虽然开始时也触摸乳头,但决不会那么细致,只是一个劲地猛烈地往里顶着,片刻后就只顾着自己结束了。近藤的舌头就这样不停地或左或右地舔着。那种蛞蝓爬行着似的暖暾暾的酥酥的感觉,令我不停地哼哼着……

"呀嗯……"我终于忍受不住,"你打算就这样一直摆弄着乳头?"

"对不起,我……想到里面有孩子,就不知道怎么做才好……"

"没关系的呀!"我这么说着,一边自己脱下内裤,"你摸摸看……都已经湿了。"

我握着近藤的手,把他的手拉到那个地方。

"真的……"

近藤的手指准确地触摸着敏感部位,而且准确地从下往上摩挲着,同时还舔着我的乳头。我已经想接纳他了。

"呃……啊……你很熟练吧？……"

"呃？是吗？不……我不知道,我只是怕弄痛你……"

"可是……呀呀……那样细心地抚摸,我……呀,那样……"

近藤的舌头移到了心腹部。

"不行,不行,不能那样啊。我说过是我愿意的,是我自己给你的。"

产生了某种预感,我着慌了。那样的感觉已经有好几年都没有过了。如果出现那种感觉的话,我会失去理智而手忙脚乱的。我更想要得到他了,和近藤的关系会无法中止的。

"让我来吧,夫人。我,不太有信心啊。孩子很可怜,所以也许不能进去。即使进去,第一次大多都是不行的……所以,让我来吧。"

"可是,我都已经是这样了。我说过,是我自己给你的。"

"如果是夫人给我的,我也许马上就进去了,可是不行。我想做……让我来吧。"

接着一瞬间,暖暾暾的"蛞蝓"滑溜溜地插进我的体内。

"啊。"

我不由得用双手捂住了脸。不行,我已经不行了。我无法抵抗这个。如同刚才手指抚摸时就预感到的那种切切实实的刺激,就像一点点剥去那最敏感之处的屏障似的,从下往上压过来的那种湿漉漉的感触。我不由得膝盖用力,把脚伸得笔直。也许这样就进去了。于是,近藤好像把它岔开似的狠命地掰开我的双脚……

"不要……啊,我已经不行了。快进来。"我哭丧着嗓音呢喃着。

"再等等……"

近藤又开始刺激我的敏感部位。

"呀……进去了……"

在我呻吟着时,近藤的舌头更加激烈地煽动着,超出我预想的更大的冲击以那里为中心扩散开来。

"不……呀……快进来,快进来,呀……我不行了……"

紧接在快感之后的空洞将寂寞抛给了我,我不堪忍受。

"求你了,快进来。赶快进来。快来。不要让我一个人!……"

近藤马上回应了我的要求。

我的体内充满着近藤,快感一直扩散到我体内的深处……

我用手指抓着近藤的后背,用脚缠着他的腰。这是晋喜欢的做法。如果是晋,我不是全身心地表现出想要他,他会不高兴的。若在平时,我用不着特地用手抓着男人的后背。可是这样会产生兴奋,看来近藤也是一样的。简直就像着魔一样,近藤一边用力地顶着我,一边"夫人夫人"地叫唤着。我听着"夫人"的叫唤声竟然会如此兴奋,感觉近藤也陶醉在自己叫唤着的"夫人"这个单词里……

"啊,我……也许要放了。"

"放吧。我也很满足了。我很舒服。就放在里面。"

"那我就放了。"

"行了。谢谢你,今天。谢谢你了。啊……"

"那,我出来了。"

近藤变成有些哭丧着脸,轻声地说道,而且从我怀孕的体内满满地抽了出来。

结束之后,我的头发让人抚摸着,这也是我好几年没有体验过的抚慰。

"近藤,你真了不起。……我还恍恍惚惚的……"

"对不起,我不知道怎么做才好。肚子里的孩子,没关系吧……"

"没关系。已经快要到安定期,而且不会永远……"

"……"

"不管怎么说……我最后还是能……"

近藤默默地抚摸着我的头发。我的体内洋溢着和刚才不同的快感。

"我很高兴。"

"我也是。如果没有你近藤,我真不知道会怎么样。也许会想死。"

"你不要说那样的话。要说起来,原本就是我多嘴多舌。"

"你没有多嘴啊,真的。"

"对三原君,怎么说才好呢?"

"蒙混过去呀!"

"那行吗?"

"还是那样好啊。这个人喜欢那样。"

近藤露出一副孤寂的表情。我在他的耳边轻轻地喃语着:"不过,还是你过瘾啊。"那天晚上,我们做了好几次。

四天后,晋手上提着不知从哪里买回来的神户的礼物,带着一副被太阳晒黑的脸庞回来了。而且,他立即先发制人。

"嘿!……在外面的时候晒黑了呀!对了。这么说起来,近藤这家伙搞错了,听说还打电话来?"

"是啊。我还以为是出了什么事呢,吓了一大跳。"

我已经能这样心安理得了。从那以后,近藤每天都到这房间里来,把我弄得浑身都是黏液。他非常可爱,尽一切可能想让我有所感觉。今天早晨我还洗澡,把他留在我身上的体味洗掉,我感到极度的孤独,简直无法忍受。

"我总觉得那个孩子有些迷迷糊糊的,看来公司里的事他好像不太清楚啊。也许你的行李……"

过多地贬低不在眼前的人,让对方嘲笑使他产生疏忽,这是我从晋这里学来的手段。然而晋没有正面回答我,他马上露出平时的那副笑嘻嘻的脸,得意洋洋地说道:

"他是那样的呀!小淘气包,下次我带他来向你道歉。"

我心惊肉跳。我想这也许是晋凭着自己的直觉才那么说的。难道他想两人见见面试探一下情况吗?

"好啊,让他来。我还闷得慌呢。怀孕的女人,他会不会很稀罕地盯着看?"

"嘿,也许会的。我说怀孕着,他差一点儿就说出'哇,那么,做爱过了吧',他就是这种类型的人啊。"

"呃,是那样啊。我终于进入安定期,却……"

"这么说起来,你好像母亲一样了。果然是萌生了母爱的情感吧。"

我只是因为和近藤做爱做得很尽性,所以能够表现得平心静气。在我的身体里,与晋创作的胎儿相比,还是近藤释放的精液量要多得多。晋是认定女人如果怀孕,就会自然产生母爱,满脑子都想着孩子,性欲也会失去的。这样的男人,我真是求之不得。也许你的相好会把各种信息透露给近藤,那种感觉真好啊。对了,要说起来,那个女人,我想起来了。

"呃,最近,会有无声电话打来吧?"

"胡说!"

"最近不会有吗?最后一次打来……对了,是我上一次的上一次去医院的第二天!"

"你说什么啊。你说最近,不是很久以前的事了?"

"嗯……你想想,那时不正是你把胎儿的片子拿到公司里去的时候?就是那一天的傍晚,我记得很清楚。听筒里周围很吵闹的,好像是在哪一家公司里。真奇怪啊!一般来说,无声电话会不会是和自己比较接近的人打来的?所以我记得很清楚!"

这是我在骗他。说"周围很吵闹",这是地地道道的瞎编。不过,晋的脸色很坦率。我的头脑一下子懵了。我忽然看见晋在我的面前脱去衬衫,露出小麦色的胸膛。混蛋!什么人跑外勤会连胸膛都晒黑的!

"好像是关岛啊。看样子呼机是让谁保管着。"

两天后,我听近藤这样告诉我。

"呃?关岛?!那是什么地方!他们想做什么?"我感到惊诧,连生气都生不起来,"这话,是林对你说的?"

"嗯。我觉得他们肆无忌惮起来。两人同时请休假,大家都知道的,却敢……她说'我一直和喜欢的人在一起'。我感觉她心里痒痒的就是想让大家知道。"

这是晋的手段。我想起自己结婚以前的事心里就憋得慌。晋有着很精明的算计,他把我介绍给别人时还区分不同的对象,对有的人称我是他的恋人,而对有的人却不说我是恋人。对那些我想让对方知道我是他情侣的对象,他却介绍说是普通朋友。我心中焦急,买了与晋一样的手表戴在手上故意让人看看,特地装作一副绝对只有自家人才有的讲话口气。可是,他不那样把我介绍给别人,就什么作用也起不了。我背地里好几次流出懊悔的眼泪。我每天在日记上写着,我一定要赢,和晋结婚的人一定是我。然而,即使结婚以后,晋依然还是那副模样,丝毫没有改变。

近藤忧心地望着我。我紧紧地抱着近藤。

"没关系,我还有你。"

近藤将自己的嘴唇优雅地合在我的唇上,而且像确认似的不断地变换着角度用力吻着我的唇。一想到这之后的快感,我的全身就冒起了鸡皮疙瘩。只要一想到近藤咬着我乳头时的表情,我就已经湿了。晋依然还没有触摸过我的身体,他已经把我当作生孩子的机器。

分娩的时间临近了。我的心与晋无论离得多么远,也不可能真的让近藤来医院里陪我。

"晋……不会不来吧?他不来才好呢。"

母亲从一开始就这么说。但是,如果能做到的话,我希望他来。我也想这是我最后的愿望。晋以"我在忍受煎熬"为幌子甚至每星期要到外面去住一两次。当然,星期天这样的日子里,他几乎一整天都不在家,回家来的日子里看我挺着的大肚子,流露出一种黯淡的目光。母亲家离我们的住处只有三站路,他却想要把我赶出去,说:"回到娘家去生吧?为了保险些,还是早点去啊。"近藤和我已经一刻也不能分开了。

"我实在不愿意说这样的话,可是……最近我也已经参与进来了……那个女人,说'三原真可怜,他抱着头说自己什么也没有做'……她压根儿就不知道自己的身体也是生孩子用的啊!我一直克制着想要骂她的冲动。……怎么样?希绪美,你生时,我也可以到场呀。"

听到这样的话,我会潸然泪下,我由衷地想,这孩子为什么不是近藤的孩子呢?我甚至已经在考虑与晋分手,这事我还没有对妈妈说。只要给信用所打一个电话,要收集晋寻花问柳的证据是轻而易举的。无声电话偶尔也会打进来。我一拿起听筒,听筒里有时会传来有人在洗澡似的声音。这女人是趁晋在洗澡的时候不停地打无声电话。我想起了结婚前的自己和与晋发生性关系之前的自己。我暗暗地说:你不要那么着急啊,我把他给你。和晋结婚才好呢。而且,我巴不得你赶紧怀孕,和我一样倒霉才好呢。

我向他提出,我分娩时希望他陪着。他只说了句"你开玩笑吧",就没有搭理我。我明知道他会这么说,心里却还是感到很辛酸。我试着说:"分开吧?"

"噢,我知道啊。就是忧郁症状,在妊娠初期和分娩前都会有的呀!所以我不是让你早点回你母亲家去吗?"

这就是看着晋在外面找女人却装作不知道的结果。分手吧。信用所的电话号码,我已经记下了。委托咨询以后,我给母亲打了电话。母亲让我无论如何回家去。接着,我想要给近藤打电话,不料接电话的是一个女人的声音,我一瞬间犹豫了。这家伙,是林。她记得我的声音。我突然放弃了请近藤接听电话的念头。

"请三原接电话。"我狠狠心想最后一次用妻子的口气说话。

"什么事。"晋接电话时的嗓音比平时更不高兴。

"呃……刚才接电话的人是谁?"

"什么?是谁?我不知道啊。是管理总务的人吧。"晋拼命地掩饰着。

"感觉总觉得很不好。"

"你有什么事?"

"没什么大事,我突然担心自己快要生了。"晋那张不耐烦的脸浮现在我的眼前。

"那种话,回家去说!"

晋干脆挂了电话。哼,这已经是最后一次和你通话了。

几分钟后,近藤打来电话打听情况。我把自己接着想要做的事告诉他。"我总觉得心里咚咚跳着。"近藤说道。他始终都是值得赞扬的。

不料,我太乐观了。原来的设想完全乱了套。原以为母亲肯定会帮我,想不到她却把我给说服了。

"你在年轻时就说过那种事了。晋绝不是什么非凡之人,你爸爸也是那副德性啊,生了孩子以后就会变的。现在分手,你怎么办?"

我着急了。我和晋不行了,我拼命地这样解释着。我想说近藤的事,但我还不能说。

"所以我说,这种事见怪不怪啊。"

"胡说!胡说!你是要我这样忍下去?我感到有多么地恶心,妈妈,你不明白的!"

"我知道啊。就连你爸爸不都是那样的?"

"怀孕的时候,他说让你堕胎?"

"他说了呀!"

"……"我很受打击。那是我这个长女。

"你爸爸也很神经质啊,还去找女人呢。尽管如此,你是专业主妇吧,我可不工作就不能生活呀!"

"胡说!胡说!爸爸那么……"

"所以我说,不是那么稀奇的事。"

母亲每次说起这话时,我高高鼓起的下腹部就阵阵抽痛。这种抽痛总有着某种怵人的预感,但现在还不仅仅是这些。我怎么说才能够让母亲理解我的心情呢?即便在母亲那个时代是理所当然的,但现在我却感到不愿意。

我终于下了决心。

"说实话,已经有个人待我比晋待我更好。"

"男人?……"

"是的,我想和那个人结婚!"我的声音颤抖着。

"那么,还是那个人奇怪啊。"

"你不要说了!你不要那么说!"

我下腹用力,突然感到胎儿很沉重。我用双手抱着下腹。

"你不要大声说话,否则会生的呀!可是你……因为是晋的孩子吧?"

"是啊。"

"你断了这种念头,不会那么容易的。这不是小事啊。你现在离婚的话,那孩子就没有父亲了。"

"我就马上和那个人结婚。"

"你说什么?法律规定,女人半年之内不能再婚。"

我忘了!是那样的!我着慌了。这时,我的两腿之间忽然涌出了暖呼呼的水。

"你骗我!我尿憋出来了!"

母亲也着慌了。

"你说什么,这是羊水呀!我给医院打电话,你用毛巾护着。"

羊水?分娩?!原以为还没有到时间!我和母亲乘坐出租车赶到医院后,不久开始阵痛。当然,我没有找到晋,也无法给近藤打电话。疼痛渐渐地越来越厉害。这样就是分娩?我就这样分娩?我必须和妈妈一样不停地忍耐着生活下去?

果然是个女孩子,三千八百十二克,个子很高。我好几次因为胆怯而切腹般地叫嚷着。听着胎儿呱呱坠地的哭声,我哭了。

"是个很大的女孩啊。叫声很响,我还以为是个男孩呢。"母亲的眼睛里也溢着泪水。

"跟晋联络过吗？"

"还没有，不过……没关系，没关系，是个女孩子，晋看见孩子后马上会回来的。"

回来，这是哪儿跟哪儿啊？晋的所作所为，从结婚之前就没有过任何改变。不过，现在我只是想睡觉。我不能很清醒地思考。总之，我要睡觉。我决定了。

第二天，晋在公司里接到通知慌忙赶来了。还没有到会面时间，他却径直闯到病房里东张西望着，那神情就像孩子一样。

"呀，还没有到会面时间呢！"一名护士阻拦着他。

"对不起，是昨天生的，因为上班没有赶来……"

晋完全萎缩了。上班，哼。我一言不发，默默地望着他。我还想睡，但肚子饿得厉害。

"呃，有啊。还没有见面吧，那你等一下。"

护士走出去了。看样子是去带孩子过来。我也是昨天只看了一眼，所以心里咚咚跳起来。晋默默地将目光不停地向我这里瞥来。

孩子躺在婴儿床里来了。

"哇，"晋情不自禁地发出欢呼声，"好大啊。"

"很大呀！"

"是难产？"

"嗯。"

"是吗？这下受苦了……"

望着晋那温顺的侧脸，我松了口气，感到自己的气也顺了。

快到中午时开始接受喂乳指导。低头望着吮吸着我乳头的婴儿的脸，我想起了近藤。

我不能和晋分手了。深夜，我打电话到近藤的家里向他道歉。

"我也不知道怎么办才好。现在你只要想着恢复身体和孩子,其他什么事也不要去多想。"

近藤始终很体贴。挂断电话,我突然想起来,便试着给晋打电话。电话铃声响了七次,接电话的,是林的声音。我默默地挂断了电话。

给孩子起了个名字叫由佳。出生申报由母亲帮我填写了。出院后,我没有马上回到晋那里,懒懒散散地在母亲家里生活,时而给近藤打个电话。晋常常会来我母亲家,用一副怪异的目光望着孩子。他好像还没有涌现出实际的感觉,依然只是嘴上说:"我也当父亲了,以后……"我只是听听而已。母亲说:"嘿,晋早就和由佳很投缘了。后来每次从公司里下班回家来,见她躺着就要抱她,真是苦了他了。"但在我的眼里却不像是那样的。有时候我会觉得晋讲的也许是实话。为了由佳,他一会儿这样一会儿那样不停地许诺,但真心想守约的也就两三个。不过,其中哪一个是真正的承诺,我也已经没有力气去猜测了。

我一回到晋的身边,洗手间里的手纸折成三角形,房间里干净得令人感到不舒服,冰箱里放着精细的半成品菜肴和牛肉沙司。

"都是公司里的同事们来帮我整理的。嗯……蒲田,近藤,女孩子们打扫,冷冻的食品也帮我分开来,都帮我大忙了。"

"嘿,好啊。"

我早已经发现盥洗室里的脱衣筐里故意放着一条浅褐色的女式衬裤,但我没有吱声。片刻以后,晋去盥洗室时,我听见传来"哇"的一声惊讶声。

"怎么了?"

"没什么,是蟑螂。"他的脸真的是一副看见了不祥之物的表情。

"是浅褐色的?"我用不知道他能不能听见的声音说道。

"呃?"

"没什么,我什么也没说啊。呀!由佳……"

由佳高兴地微微笑着。那天夜里,她第一次笑出了声音。

母亲不在身边,要带孩子是很累人的。晋要是高兴起来,会帮着我给由佳洗澡,或给由佳换尿布,但大多会露出不耐烦的神情:"哇,又撒尿了?"对由佳,他喜欢得不得了,但不太愿意花太多的手脚照料她。尤其是拉屎的尿布,他连看都不想看,一散发出像是拉屎的臭味,他甚至都不告诉我一声,就逃进了洗手间。

"你提醒我一下不是很好吗?"我这么一说,他便像撒刁的孩子似的指着我说:"你是以为我喜欢孩子就想让我来干吧?我只要干了一次,就都是我的活了。"

尽管如此,由佳回来以后,他每天早早地就下班回家了。是因为由佳很可爱,还是讨厌连衬裤都扔在这里的那个女人,我就不得而知了,肯定连晋自己都不知道。可是,我自己还常常给近藤打电话。因此,晋提起"这个星期吧,公司里的那帮家伙说要来看望由佳"时,我也马上就和近藤进行了联络。

"三原说'你也来',我不可能拒绝的。……对不起,要打搅你了。要不,那天我装病?"

"哪里,行啊。你来呀!我想看到你。"

我喜滋滋的。

但是那天,近藤的表情很黯淡。我正生疑窦,看见最后走进来的女人,连晋都变成了那样的表情。于是,我恍然大悟。是林!没有喊她,她却跟着来了!我拼命地装作平静。我怎么能输给她!

决出胜负是很短促的。林一看见由佳的脸,神情立即变得黯然。

"我想起一件急事。我先告辞了。"她说着就回去了。

"呃,喝杯红茶再走吧?"我狠心用一副夫人的口吻招呼她,但林连头也没有回,"怎么回事啊?……"

晋没有回答我。近藤也一言不发,默默地注视着由佳的脸。这是最后一次接触到林。以后我在电话里听近藤说,她好像说要结婚所以辞职了,可是公司里没有人收到参加她结婚仪式的邀请。

我的敌人离去了。我偶尔还和近藤打打电话,但毕竟已经没有时间见面做爱了。尽管如此,每天看着由佳吮吸着我的乳头时的脸,我就很怀恋近藤那温暖的舌头。晋依然从来没有把我当作女人来看待。嘿,日子就是这样平静的。我已经能够理解了。

"我去一下洗手间,你看着啊。"

"时间长吗?"

"嗯,马上就来。"

现在能让人照管一下由佳的,就只有晋。也许是因为心情特别愉快的缘故吧,我很难得地马上就出来了,一看晋,他正把脸埋在由佳的小屁股上,接着一瞬间,感觉到脸上沾上了由佳拉的屎,他的身体立即像冻僵了一样。这次是我自己生下了一个新的敌人,我忽然觉得母亲正站在我的身后看着。

夜里的脚步声

那是初夏某天夜里的事情。

在那个不太明亮的院子里，正在举行着一场优雅的酒会。院子里吹拂着风儿，刮得人挺舒服的。我是这酒会中的一人，穿着质地柔软、有些透明的连衣裙。有两个人结伴在不远处只顾着享受着美味的佳肴。大家都很快乐，只有我一个人显得有些郁郁寡欢。幸好此刻我的周围没有人注意我。我觉得无聊，是因为我对这酒会的主人感到很愧疚，所以就逃到这院子的角落里来了。我不愿意一个人在房间里发呆，否则一些话不相投的人会搭上腔来。

在那幽静的院子里，我思考着。难道时间就只能这样浪费了？没有别的办法了吗？现在能做的、而且能悄悄离开片刻、又能让人心旷神怡的事情，难道就没有了吗？

我愣愣地想了一会儿之后，决定吃一样东西。我自己也不知道为什么会想起那件事，也不记得是用什么方法把它弄到手的。端上餐桌来的菜肴不会不爽口。等我清醒过来的时候，我正诚惶诚恐地准备咀嚼它。我用双手紧紧地捏着的，竟然是我的右脚。从脚尖到脚掌心的部分，脚掌心一带已经掰成了锯齿形。要掰成这样的状态，应该要花很大的力气,还会疼痛,然而我却不知为何竟然没有那样的记忆。我不记得让什么人来帮过我,不过我好歹已经把脚掰成了我想象中的形状。我是特地这样做的,所以没有深加思考就决定一头扎在这令人不可思议的体验里。我悄悄地张开牙,把嘴伸向那锯齿形脚的一端,那里的形状不好,看来嘴边会沾上血。味道,我还不太清楚。我想要大口地吞嚼,但会弄得满脸是血,这样形象太坏了。怎么办才好呢?

我想了想,稍稍清醒过来。我究竟在做什么?我怎么又在吃自己的脚?这样做,难道不会后悔吗?难道不痛吗?如果被人看见的话,别人会怎么想?大家一定会发出惊叫,认为我是疯子。我无论如何要装得若无其事,就好像在吃那边的佳肴一样。我不愿意让人发现我右脚的脚尖没有了。

于是,我尽量装模作样地把脚藏进裙子的下摆里,拿在手上的那只脚也不是从伤口处而是从脚趾处开始啃咬。这样的话,血就会滴落在地上,脸上沾不到血。不料,这次脚趾很硬实,难以啃咬。我的脚趾很短,有人说我的小趾就像疖子一样。也许是趾甲抠进去的部分太多。那么把脚趾修剪得漂亮些,从修剪的伤口开始吃,会怎么样呢?我发现如果按这样的状态光把脚趾掰掉,就会像掰去脚的螃蟹肚子一样,显得有些脏,如果不靠近着看,根本不会发现那是脚。难道不是吗?

我决定寻找切肉的刀。切肉刀好像放在哪个桌子上了。也许是在那里切鸡的。没有脚尖的右脚走起路来会有些不方便,但我觉得要满足"吃脚"这个好奇心而付出的代价,那样的困难还是能够忍受的。右脚的一半已经没有,以后也许会遇到什么样的困难。也许会有现在还没有注意到的困难吧?那会是很费劲的事吗?即使注意到将来又能怎么样呢?这么说来以前有人曾说过我,说我是敢作敢当的性格,不过我永远都不会产生后悔的意念。即使后悔了,也不可能回到原来的模样。如果发生什么事情的话,船到桥头自会直。我在走路时尽量装得像平时那样。疼痛并没有我想象的那么厉害。也许是无意中使用过麻醉吧?也许以后会痛起来的?总之现在不痛。血没有止住,但也不是哗哗地流,只是每跨出一步,就像邮戳一样带着红红的脚印。我尽量不让别人发现这些脚印。然而在我内心的某个角落里,我还悄悄地企盼着希望有人发现我而喧哗起来,那会是一件多么痛快的事。因为我自己不可能去炫耀,如果是别人无意中发现,这是无可奈何的事情。

几乎所有的人都没有发现我,不过只有一个人,不知从哪里来的小孩,盯盯地注视着我带血的脚印。他会喧闹起来吧?他会去跟母亲说那个人没有脚?切肉的刀怎么也找不到。

我做着如此古怪的梦惊醒过来。我扭动着自己右脚的脚趾,确认它还是长在老地方。酒会的气氛和前不久参加的朋友的婚宴很相似。那天还下着雨,不能到院子里去,我觉得会场的摆饰也一模一样。我还是第一次梦见自己要吃自己身体的一部分。也许是快要来例假了。我每到快要来例假的时候,情绪就会有些不稳定。

但是,那个月,我没有来例假。几天以后,我在药店里买了妊娠测试剂。我在两支之中试用了一支,最后测试结果是阴性。我重新读了一遍使用说明书。我心里想,现在试用,时间也许稍稍早了一些。

我已经很久没有和恋人路男幽会了。

见到路男时,我冷不防对他说:"我也许怀孕了。"

"是吗?"他说完,便默默地不再说话。他很少在脸上表露出自己的情感。他是感到高兴,还是觉得为难,光看他的表情是无从揣测的。

"不过,现在还不能确定。"

我和路男的交往已经有五年,对避孕也渐渐地不在意起来。尤其是上个月,例假后过了两个星期左右,我们没有任何顾忌就做爱了。

一个星期以后,测试剂清楚地显示是阳性。

"果然已经有了呀!"

我已经把路男的孩子堕掉过一次。那是在我们交往以后的第二年。我和路男都只顾埋头在工作里。堕胎以后和路男的关系也没有恶化,因为那个时候他非常珍惜我。现在我已经二十八岁了。因为避孕上的疏忽而怀孕,如果他再提出让我堕胎的话,我也许会因此而与他分手的。

"那么,你把户籍落在我这里吧。"

结局不期而遇。我稍稍犹豫了一下,心里还是非常欢喜的。我觉得我和他也许都希望有这样的开端。我很在乎自己的工作,但我觉得根本用不着用堕胎来死抱着现在这样的状况不放。

"也许是因为怀孕的缘故吧!上次我还做了一个奇怪的梦。"我向他说了那个吃脚的梦。

"嘿,是什么味?"

"不知道,我在吃脚之前还醒着。反正,我吃脚了。不过,那是表示什么意思啊。做那样的梦,我还是第一次呢。"

"会不会表示肚子里的孩子在吃着你自己长大呢?"路男这么说道。

然而,为什么吃的是脚呢?我怎么想也闹不明白。那以后我感觉到自己的腰越来越沉,人越来越懒,至今也没有要来例假的样子,我沉不住气了。兴许是一种妊娠反应吧,我贪睡的日子比以前多了,虽然没有呕吐现象，但咖啡和浓茶，我已经不想喝了。我尽量地保持着平稳，不让身体发生碰撞。沉重的东西，我也不提了，就是吃东西，我也懒得吃了。即使路男要与我做爱，我也是一口拒绝。

"我很害怕呢，这次我想把孩子生下来，所以绝对要小心。"

一天，路男的弟弟来玩。我已经很久没有和这位叫"牧男"的少年见面了。他的身材比路男瘦一圈，个子很高。在我的印象中，他有着一种与年龄不相符合的孩子气，但是这次见面，他比以前成熟了很多。我好像很稀罕似的，盯盯地打量着他。

"怎么回事啊？你在看什么呀！"牧男对我还是一副毫无顾忌的模样。

"你，在上学？"

"早就毕业了。谁还在上学啊！"

"呃，那么你已经上班了？"

"在打工。"

"牧男不可能不去找工作的。"路男冷不防说道，"因为她，快要成为你的嫂子了。"

路男突然摆出一副自家人的模样，我有些害羞了。他把我怀孕的事也对他弟弟说了。牧男只是默默地听着。

夕暮在逼近着。牧男和我，还有路男，我们三个人乘坐在路男驾驶着的卡车里。我们正在进行长途跋涉。尽管还不到心安理得的吃饭时间，但我的肚子已经饿了。我想在高速公路休息区的小卖部关门之前买些吃的东西。牧男去厕所时，我们在卡车里恍恍惚惚地等着。突然有一只脚从我靠着的左侧车窗外伸过来。是刚刚切落下来的膝盖以下部分。好像是大男人的脚，穿着美国西部的长靴。尽管看不清穿着什么靴子，但我觉得那是右脚。我们不知道是什么人、又是为什么把脚交给我们,但我和路男都没有太大的吃惊。只是我们感觉还是不要让人看见的好。同一个人的左脚,好像已经交到了左侧对面的大型汽车里。那辆大型汽车里的人,大概也和我们一样感到有些为难吧。我正想着怎样才能把它藏好,不料它不知不觉地已经成为干炸食物,混杂在喜欢油炸食品的牧男买回来的油炸鸡块里。其他部分好像已经设法藏起来了,留在箱子里的是脚脖子以下部分。外面一层面衣还牢牢地粘在上面,脚的骨头呈放射状撕裂着皮肉窥露出来,如果是鸡肉绝不可能呈那样的放射状,何况如果被人看见的话就会暴露无遗了。吃在嘴里也许像是鸡肉,不可能不吃的,我狠狠心把它拿在手里。我在脚踵处咬了一口,还把脚交给了路男。牧男好像没有发现这是人脚,路男把脚交给他,他毫不迟疑地啃咬起来。可是,脚没有被吃掉多少,就又回到了我的手里。我想到我和牧男不是那种可以把吃过的东西再一起吃的关系,所以感到有些不知所措,也许他也注意到这是人的脚。无奈,我只好再拿在手上。这样的话也许能熬过被人发现而感觉到的尴尬。在三个人中间,我是最不讲究好恶的人。我觉得把它吃了,这是我责无旁贷的责任。我一点一点地剥碎着骨头,慢慢地啃咬着。

不久,路男说:"已经没问题了,你不用再吃了。"

好像已经没有人在监视着我们。

"很不舒服,所以你就吃我这里的吧。"

他在话音里饱含着体贴的意思,还指着一块油炸的鸡胸肉。我用手指纵向地把它撕下来吃着。我觉得味很淡。

"这里味很浓,很香啊。"

尽管不知道是谁的脚,让人感觉有些不太对劲,但我还是觉得吃脚更香。

醒来以后,心情真的很糟糕。吃脚的噩梦,我竟然已经做了两次,也许是因为怀孕吧?此后过了一个半月,我只是用测试剂测试,还没有到妇产科去接受过检查。最近身体大概对怀孕已经习惯了,妊娠反应也没有了。我觉得肚子也稍稍有些凸出来。

我想应该抽空去一趟医院,因为早晚要去的……

"最后一次例假是什么时候?"女医生反复察看着超音波监察仪,好像很怀疑,"山崎小姐,你平时月经很不正常吗?"

"不!我算是很准时的。"

"周期是多少时间?"

"二十八天左右……"见女医生执著地询问着,我觉得不安起来,"这……我没有怀孕吗?"

"不是。你已经怀孕了,不过孩子还很小。"

"你说很小……"

"我的意思是说,也许是没有得到很好的生长。根据你刚才说的最后一次来例假的时间,应该更大一些的。也许只是受精的日子错开了。"

从检查台上下来,回到桌子边,女医生拿了几张超音波照片给我看。

"按胎儿的大小,到现在这个周数,还算是很小的。如果是真的怀孕,胎儿至少要比这大两圈,心脏的跳动也应该很清晰。"

"心脏的跳动能看见吗?"

我想起自己以前刚怀孕的时候,胎儿即使很小,在超音波图像中也能清楚地看出胎儿心脏的跳动。

因为害怕,我不得不这样问:"你是说,胎儿也许已经死了?"

"还不知道,所以我问你是不是有月经不调的现象。受精的日子可能你记错了,说不定不是你记得的日子,而是以后。"

不可能那样的,不过我希望她说得没错。然而测试剂恰好证明是在排卵期间怀孕的。难道是测试剂测出的结果有误?

"如果死了,那怎么办啊?"

"一般来说,如果那样的话就会流产的。如果它自己不掉下来,就要动手术把它取出来,把肚子里面消毒干净,否则会影响下一次怀孕。不过现在还不能马上作出判断,请你在下个星期再作一次检查。一个星期,孩子又会长大一些,到那时如果能看见的话,就说明胎儿只是因为小吧。在这期间,如果你感觉到肚子痛或出血的话,就马上到医院里来啊。"

怎么对路男说啊。但是,我必须告诉他。我在医院的付款处付钱,一边为自己成为这些付钱人群中的一个而感到很羞愧。在医院里打电话时如果哭泣起来会难堪,但我怎么也不能把这样的心情带到公司里去。路男在电话的那一头感到很吃惊,可是说话很温和。我向自己的公司打电话请假之后,去了路男的房间,睡得像烂泥一样,直到他下班回家。

"还是不应该放弃希望吧。"路男回到家里,把我紧紧地搂在怀里,"要到下星期才能知道结果?到时也许胎儿会长大的。"

"我也不相信。我还是这么精神,却⋯⋯"不过,也许会像医生说的那样。胎儿尽管是我的孩子,但依然还是另一个不同的生命体,"可是,即使不行,我也不愿意再做手术了。"

我下意识地自言自语地呢喃着,不像是对什么人说话。我非常可怜,一边接受着麻醉的注射,一边口中念念有词地数着数,数得越来越模糊。而且我很丑陋,在我什么也不知道的时候,一切都已经结束,自己的身体变成一个很大的行李,被人从手术台上抬下来。这时我正好从麻醉中醒过来。据医生说,如果醒来的话,医生会硬逼着我躺下。回想起来,在那样的状态下,就连内裤都要别人来帮着脱。假如是自然流产,这些麻烦就肯定都没有了。

"如果胎儿已经死了,我希望能自然流出来。我不愿意做那个全身麻醉。"

"还没有说不行啊!"

"嗯,嗯,是诊断错误吧。这次会生下来的。下星期到医院里去,胎儿肯定已经长大,心脏的跳动也很有力,我们两人会莫名其妙地笑起来。绝对会是那样的啊。"

可是还没有等到下个星期,我就流产了。

那天吃过晚饭以后,我觉得腰部往下坠,很沉,便躺下,不料突然感到从胎内涌出一股暖呼呼的东西。我急忙跳起身跑去卫生间,身上用着的卫生巾上沾满着的不是血、而是无色透明的暖呼呼的水。我正感到不可思议,紧跟着鲜血就扑哧扑哧地涌出来。积着的水眼看着变得通红。血好像旋即就变成凝块哗哗地淌出来,我只是呆呆地望着它。我只觉得像痛经那般疼痛,用双手掬着的鲜红的肉冻块,从我突然分开的双手间散落下去,看到这样的状态,我差点儿晕死过去。事态变得可怕起来。我想起打电话给路男和医院,但我不知道怎么办才好。我带着卫生巾从卫生间里跑出来,地板上血淌得一塌糊涂,但是现在我已经顾不上这些了。我眼看就要痛哭起来。我应该把电话的无绳听筒带过来的。无奈,我只好把挂在边上擦手用的毛巾折叠成两层夹在大腿间,然后弯着腰走到电话机边。我一手握着无绳听筒,接着从手提包里找出门诊卡。凝块一个接着一个挤开左右两边的毛巾涌出来,我本能地一把夺过挂在水槽边的毛巾夹在双腿间。我想到的是先给医院打电话而不是路男,我知道这对路男很歉疚。

"请你做好住院的准备。"护士说道。

在这样的状态里做准备？女人难道就应该那么要强吗？路男不在家。对着他的电话里传出的录音声,我想无论如何要把我现在的状况录在他的电话里,但我没有信心能把这件事做好。与其这样,我还不如用什么东西夹在双腿间去医院。我想向哪位朋友求助,但这副模样能够依仗的,就只有路男了。路男在哪里呢,会来医院吗？对了,我也许忘了把医院的名字和电话号码录进去。我再次拨通电话,不料他接电话了！

"你在家?!"

"我回家后去趟卫生间,在卫生间里听到电话铃在响。我马上出来听电话录音,吓了一大跳。我开车带你去医院！"

"真的！那么……你能不能买一些成人用的纸尿片过来？"

"有那么严重吗？……我知道了,我带过来,你要坚持一下啊！要咬着牙关挺过去！"

一到医院,护士例行公事般不以为然地说道:"拿这个去取羊水。"

她递过来一个纸杯。只能取到血！我被逼无奈,也没有反驳的力气,只好接过纸杯去了厕所。纸杯变成了鲜红的颜色。纸尿片已经被血块粘得零零落落。厕所里设有放检尿纸杯的小筐,但我发现纸杯里盛着的,已经不能说是尿了。

我拿着纸杯,一副死人一样的面容走到走廊里。

"哎,你好了？放的地方……"护士刚开口说,看见纸杯,一瞬间讲不出话来,"来,我帮你检查一下吧。"

她用手护着我的后背,把我带到诊察室。我还怎么也不能说。我想回头向路男招呼一声,但就连那时间也没有。

我躺在诊察台上,血块还是无法止住。值班医生把棉球塞进我的下身,吸足血后取出来诊察。

"很遗憾,是流产啊。子宫口已经开着,我现在马上就处理一下。明天早晨你就可以回家,还是处理一下好吧。"护士说道。

看来尽管是流产,肚子里面还是需要消一下毒的。

"我只给你进行肌肉注射,会轻微地有些麻醉,感到口渴,会稍稍有些迷糊。"

我按照医生的吩咐接受了手术,没有全身麻醉,能清楚地感觉到医生在做什么。医生的动作与冰淇淋商店里的匙在掬取着冰淇淋一样,什么东西在我的腹中不停地蠕动着。我久久地忍受着像抹布那样来回拖动着的纯痛,不停地呻吟着。

等到全部结束已是深夜。我因为麻醉,头脑还昏昏沉沉的。

"你能顶住吗?"路男的嗓音显得很高兴。

"嗯,对不起了。"我这么说着时,嗓子眼里猛然被伤感堵住了。

"护士说了,说运气不好。"这像是路男特有的安慰方式。

"有人也对我说了……说因为那种细胞是很纤弱的,谈不上是谁的责任……"

"再生吧,举行结婚仪式以后。"

"嗯。"我的眼泪溢了出来。我一直不知道路男是一个如此体贴的人,"呃。"

"怎么?"

"做梦了,梦见在吃脚。"

"不会……"

"再也不会梦见吃脚了。"

"睡着了就好了。"

他说得也许对。我害怕睡觉的时候没有人和我说话,不过我没有做噩梦。我很顺利地得到了恢复。

然而,我怎么也不能忘记毛巾从身体上掀去时一个拳头那么大的鲜红肉冻躺在我身边时的恐惧。我的头脑里联想起果冻,但这硬块比果冻要坚硬得多。即使我晃动着毛巾,它也不会变形。尽管它在厕所里被冲走了,但我却觉得这里面不是分明藏着一个目光哀伤的玉坠吗?

路男和我举行了一个小型的仪式。我们两人的住处变成了一个,我们可以永远地待在一起了。
"以后再也不会遇上那么可怕的事了。"我在被窝里呢喃着。
"吓着你了吧。"路男抱紧了我。
我应该感到高兴的,身体却很僵硬。
"还,不行吗?……"
"对不起,我头脑里明明知道没有关系,却……"
"没办法啊,睡吧。"
路男决不会催促我或责怪我,然而我却为自己不能接受他而感到焦急。
醒来后感觉身体沉甸甸的。昏暗中浮现着某个白花花的东西,模模糊糊地看不清楚,但我却一眼就看出来了。是脚。只有脚才浮现在黑暗里。路男!不知怎么回事,他不在。不!他在。我可以看见他坐在房间的角落里。他为什么坐在那样的地方?我凝神望着他的脸。不对!不是路男。那是牧男。为什么?他不应该在这里的……我慌忙想要起身,身体却像铅一样沉重,一动也不能动。这时脚从我的身边离开,向牧男移去。脚在一步一步地走过去,草席不是旧的,却发出"沙沙"的响声。牧男,危险!我在心里喊。但不知为何,牧男一副平静的表情朝那个脚看着。脚好像在倾诉衷肠的人似的围着他的周围亲近地走着。这时,我发现牧男的脸显得特别年轻。这不是现在而是很久以前的他。

"怎么了?"

听到路男的讲话声,我醒了过来。我觉得自己的嘴唇间在发出什么声音,心想路男也许听到了我的说话声。不知为什么,我感到自己的脸色变得苍白。

"你刚才在喊牧男呢!"

果然被他听到了。我慌张起来,连自己都感到慌张得莫名其妙。我拼命在想要向路男解释,说在梦中喊牧男是很正常的。

"他出现在我的梦里。牧男就坐在那里!脚在很快地朝那里靠近啊!"我的嗓音颤抖着。

"又出现脚了?……"路男一副哀伤的表情。

我大吃一惊。这时我不知为什么终于想起那件已经忘却了的事。

"对不起,我……"

"对不起什么?做梦是没有办法的呀!"

"可是,我忘记路男的脚……"

"是残疾"这后半句话,我没有继续说出来。因为我紧接着想起他的弟弟牧男长着一双健康而颀长的脚。我一边感受着自己内心里的黑暗,一边想起结婚仪式时牧男穿着崭新西服的身姿。第一次和牧男有性关系,是在这结婚仪式很早以前的事。我让他脱去鞋子,我用嘴舔着直到他的脚趾。牧男发出婴儿般的笑声满地打着滚。就是那样。我既不是贞淑的妻子,也不是可怜的孕妇。见我怀孕而颇感兴奋的牧男好几次来我的房间,为了插进我的那个地方。在做爱最投入的时候,他也总是说:"这样看来,也许是我的孩子吧。准会是的。"

我回想着那些事情,内心里感到阵阵痛楚,不知为什么,我的眼泪直往下掉。

"不要哭啊。你还是睡觉吧,什么也不用去想。"

路男见我很伤心的样子,紧紧地抱着我,非常地温柔。

两年后,牧男因为脚被电气列车的车门夹住、身体被车拖拉着,结果头部被撞击而死。守灵那天夜里,我久久地凝望着他那张无论怎么修整都无法把裂缝抹去的脸。而且,我躲在卫生间里自慰了,脑海里还浮想着他那张脸。我想让牧男看着我穿着丧服把手插进内裤里的模样。他一定会兴奋起来,在卫生间里与我做爱的。绝顶感随着可憎的甜蜜记忆一起降临,我强忍着声音哭泣着。

即使回到两人的房间里,我也懒得给自己的丧服撒盐驱鬼避邪。路男拂去沾在丧服上的盐,拖着很不方便的腿想要走进房间里去。我看着他的背影,突然来了情欲,便从背后紧紧地抱着他。

"现在就做,就这样穿着丧服做。"

路男颇感惊讶:"怎么了？你不是累了吗？"

"你不用再说那么温情的话。我们两人应该更加相互憎恨的,否则孩子就保不住了。"

"你在说什么呀！我听不懂啊。"

"行了,听不懂也好。"

我解开他丧服底下的裤腰带,把他那已经坚硬的东西掏出来,用舌头啧啧有味地舔着。路男发出呻吟声,不久便骑到我的身上。没花多少时间,牧男就附身在他的身上。我们两人好像世界末日将要来临似的不停地做着爱。第二天也是一直在做爱。除了生活必要的时间之外,我们只是相互抱在一起。我们这样做着爱,不知过了几天。下次例假应该是什么时间来,我已经搞不清楚了。当然,我怀孕了。

怀孕以后,我更加对路男贪得无厌。有时我做噩梦,梦见那个毛巾上的血块而惊醒,那时他还睡着,我一跃而起,掏出他的阳具拼命地舔着。我还会脱去内裤骑在他的脸上。他一边挣扎着一边坚挺起来。我把他的阳具插进自己的体内,让它在我的体内搅动着。

"我害怕啊。呃,这样没关系吗?"路男总是这么说着,顺着我的要求,绝不会萎缩下去。

这次即使这样折腾也不会再流产了,我的怀孕已经到了安定期。我毫无顾忌地把路男残酷地使唤着,简直好像拼着性命要把他体内所有的精液都吸干似的。而且尽管如此,我还是不过瘾,他不在家时,我就自己抚摸自己。我内心里的黑暗,即使路男和那个孩子,还有牧男的亡灵,他们三人加在一起也无法填满。我一定会终生在那样的饥渴中挣扎着。

等我回过神来,已是在某个夏夜的院子里,房间里依然在举行着酒会。我牵着一个幼童的手,在院子里缓缓地走着。这个刚刚学会走路的幼童注视着昏暗的密林。在沙沙的声响中传来一个熟悉的声音。

"我是来看孩子的。"密林摇晃着的幅度,能让人感觉到他的身高。

"我看不见你啊。"我说道。

"是吗?你看不见?"声音里带着遗憾,"这样还看不见?这样呢?"

那家伙还特地走动着。孩子用力地握着我的手。

"看不见啊。"我真的有些无奈,"不过,看不见就算了。我已经不恨你也能活下去了呀!"

我这么说着时,孩子突然挣脱了我的手,朝着发出声音的地方走去。我感到一阵战栗,害怕莫非又要失去孩子了。但是,孩子马上就停下脚步,转回身走到我的身边,紧紧地拉着我的脚。

"这家伙,我还以为他跑到我这里来了。"

"这是我的孩子啊!"我感到很满足。

"行了,我要走了,我已经看到脸了。"

"你要走了?"

"怎么啦? 你感到寂寞?"

"哪里,我根本没有感到寂寞。"

"你要说实话啊,因为寂寞所以才……"

"你一点儿也不明白啊。你已经死了,所以才……"

那家伙用令人怀恋的声音笑了。

"你不要笑啊。很狂妄吧。你已经死了……"我这么说着也想笑,然而眼泪却流了出来。孩子抬着头诧异地望着我。

"你不要哭啊。"他的声音也带着哭声。

我和他都知道,我们如果在这里分手,以后就再也不会见面了。

"你不会再来了吧。你说说话吧,无论说什么都行。"

"也没有什么话好说啊。我是已经死了的。"

"你就说说现在的事吧,比如你看见孩子的长相,你有什么感想……"

"很可爱啊。"

"没有别的了?"

"你还有什么话吗?"

"可是……可是……你……"

远处传来路男的喊声。再不去不行了。

"你去吧。"

"我走了!"

"已经不能再做了,所以你还是自己一个人对着我的死脸做吧。"

"什么呀！混蛋！像你这样的男人，变成了幽灵才正合适呢！"

最后那句带诅咒的话，还带着轻轻的笑声。那是最后的话。

我睡着哭泣着，路男一如既往地用温和的目光窥探着我的脸。我睁开眼睛，擦着眼泪探起身。

"你担心了？对不起。"

"你又做噩梦了？梦见脚了？"

"嗯。我在梦中见到肚子里的孩子了，感激得只知道哭。"

路男沉默了一会儿，扑哧一下笑了。

"是吗？孩子长得什么样？"他问我。

"是一个爱撒娇的孩子，依偎在我的脚边不肯离去，非常可爱啊。"

"是吗？我也很想看见他啊。"路男说着，用手抚摸着我的肚子。

孩子在里面好像答应着似的踢我。我已经感到非常满足，再也不会梦见脚和血块了。

森瑶子

　　1940年生于日本静冈县，4岁之前曾随父母在中国张家口生活，东京艺术大学器乐科毕业，专攻小提琴。1978年凭借处女作《情事》获第2届昴文学奖，此后《诱惑》、《伤》、《热风》、《风物语》等作品多次入围日本文坛最高奖项之一的芥川奖。1993年因病去世。她一生创作的小说、随笔和翻译作品超过100部，有20多部作品被改编成影视剧。森瑶子善于把握都市女性内心深处涌动的情感，并加以入木三分的刻画，对读者有着巨大的吸引力。

盛女的疼痛

一旦受到倦怠的侵蚀,体内某个无法正确指出位置的地方就会发生疼痛。无法区别出这果真是肉体的疼痛,还是在抽象的意义上来说是心灵的疼痛。或者,两者兼而有之?

总之,自从三十好几以后,只要一感到厌倦,那种不悦的感觉就会随之袭来。

在忙着什么事情的时候,绝不会出现这样的现象。头脑里聚精会神地思考着什么事情的时候,也不会出现。

但是,大女儿去小学读书,小儿子去幼儿园,家里的杂活儿干完以后,坐下来看着书或和什么人打电话闲聊,或者摊开丈夫看完后随意扔着的早报,自己想要找一些什么事情来做的时候,那样的"疼痛"就会向佟子袭来。

这一现象近来发生得很频繁——有时一天内会出现好几次——她在内心里把这一现象称作"盛女(指正处三十五岁至四十五岁这一年龄阶段内性欲旺盛的女人。——译者注)的疼痛"。

和人在困倦时或精神不振时哈欠连天一样,一旦受到倦怠、无聊、无能为力的感觉侵扰,"盛女的疼痛"就会产生。为什么说是"盛女"？这话已经不用说了。佟子所处的正好是这个年龄段。而且,那种疼痛最早袭击她的,也正是她开始进入"盛女"这个年龄段的时候。最后她只好忙里忙外地找事干,用来消除心中那份消沉的感觉。寂寞难挡,眼看就像要死了一样。更加糟糕的是,她有着一种预感,看来这样的倦怠不会消失。岂止是这些,她还担心这样的倦怠感日积月累,随着岁月的流逝,会变得越来越严重。

得到"结婚"这一块安全牌,作为代价失去的却是某种自由、某种刺激、冒险、放纵。虽然是安全了,但要在这温暾的、渐渐褪色的空气中度过一生,腻烦得真想死。就像母亲那样,像其他大多数女人那样。

一想到和大家一样生活,佟子就会感觉到一阵类似于死心那样的轻松。这种感觉像是一种叹息。所谓的"结婚",原本就具有这样的特性,宛若一阵长长的叹息。因为我已经作了一个选择——佟子将目光从摊开着的杂志上抬起来,游移地望着四周。

至少以前曾经有过刺激,刚结婚时也不失好奇,尽管幼稚却也有着激烈的性爱,或而开怀大笑,或而潸然泪下——因为一些微不足道的原因而泣涕涟涟,因为同样微不足道的事情而笑得前仰后合——还吵过架,带着孩子离家出走过,于是丈夫追赶上来,连连向她道歉,说都是自己不好。于是又被他带回家。但是,丈夫追赶上来把她带回家,只是开始的三次,到了第四次就双方都憋着气了。要说谁先退让的,总是离家出走的佟子。那个时候实在是太任性了,生活得很辛苦,渴望着夫妇二人都尽快地成熟,通情达理,不要因为一些琐事相互伤害,或对婚姻感到后悔,希望生活得稳定些。

一般的小吵小闹,在床上就解决了。在床上时,两人是多么地炽烈……

现在,终于进入了安定期。生活已经像以前所希望的那样安稳下来。结果,安逸的生活就是厌腻,就是唉声叹气地活着。

"我出去找份工作吧,当然并不是为了挣钱。"

"算了吧。"佟子的丈夫劝说道,就像大多数丈夫那样,"如果是为了挣钱,那还说得过去。但是,你的目的不是为了挣钱,只是为了解闷,我看就算了吧。如果有人用你,会给人家添麻烦的。"

佟子为什么想出去打工?隐藏在这背后的原因,丈夫没有提及。

"我看还是不要去吧。"丈夫用非常冷漠的语气说道,放下报纸就走开了。可以不去,但是做些什么好呢?丈夫对此根本不想与她进行讨论。就是说,她已经不是孩子了,自己的事情自己照顾吧。什么妻子的倦怠感啦、无力感啦,这些东西不都是应该忍一忍的吗?你以为我在外面工作仅仅只是干活吗?

男人把"工作"当作王牌举着,每每有事就把它拿出来晃动一下,于是女人就只好闭上嘴,不得不靠着丈夫去赚钱。

就连未必要依赖丈夫赚钱的女人,在男人的"工作意识"面前也不得不遭人讨厌。佟子有一位学生时代结识的好友就这样埋怨过:我真无法理解,为什么只有女人必须被迫在工作和结婚这两者之间作出选择啊!她这么说起后,又非常感慨地说:女人如果要在结婚和工作之间作出选择,最后就只好把这两者都承担起来。而且,这位女友的婆婆最近患脑瘫卧床不起,丈夫的表姐和哥嫂们都轮流照看着她,婆婆还不满足,紧逼着佟子的女友也应该分担一些。

女友通过丈夫回绝了。——我不可能每个月挤出十天时间去婆婆那里啊,因为我还有广告这份工作。丈夫激怒了。何况还当着兄弟们的面,这就令丈夫更加生气。

"那种工作,你不用去干了。你那点儿收入,我养得起你!"

他轻率地说"你不要去干了",这也令人颇感生气。"我养得起你"这句话,令人更加无法忍受。男人紧接着"工作"之后扔出来的王牌就是"我养得起你!""我来养你!"

"我问你,如果万一,我是假设啊(朋友说:我无论怎么错也不能说这句话),我的母亲生病了,我请你在公司里每个月请十天假去照顾我母亲,你那份工作不要去做了,请你陪着我的母亲去看病,你会怎么样?"

"我不可能做那种事吧。"丈夫眨巴着眼睛。

"为什么?"她冷静地反问道。

"我好歹也是个男人。男人能因为妻子的父母生病而把公司里的事扔在一边不管吗?"

"我也一样!"朋友斩钉截铁地说道,"就是女人,也不能把自己选择的工作扔在一边的。"

于是,男人如果不知所措地把目光转向一边去,这还算好,但那样的情况很少见,佟子朋友的丈夫也不例外。

"男人和女人的工作不一样,工作性质不一样,工作强度也不一样,不能相提并论!"他叫嚷着。

"你说什么不一样?"丈夫越来越不耐烦,她反而显得越发冷静。

"男人的工作是终生的事业。"

"我也是那样。我打算干一辈子的。"

于是,他说道:"在我们家里,有两个掌舵的吗?"

朋友心想可以当作合作者试试?但朋友已经不想再说了。

"一个家庭里容不下两个掌舵者呀!"因为这句话,一下子就直奔离婚了。不过很久以后,佟子的朋友提起当时的事情是这么说的:

"我吧,不会因为婆婆生病只能躺在床上、我不愿意陪她去看病才离婚的。这样的话人人都会认定我这个女人很冷酷,是一个不讲情义的女人,品质低劣,连畜生都不如。嘿,人们愿意怎么想,就让他们去怎么想吧。只是啊,我没有冷酷到那种地步。我会提出,每个月照顾她十天,这个任务我接受,我有工作不能去,但我从自己的收入中划出一部分钱来,请专职的护士来照顾她。他们根本听不进去啊。他们说,你如果以为用钱什么事情都能解决的话,就大错特错了。嘿,这些事情不提了,现在已经结束了。不过,我决定离婚的真正原因,还不是因为这件事。而是当时丈夫要我放弃工作时的那副口气啊,他还说'我来养你',他竟然会有这样的想法。我一下子心都冷了,我心里想:算了算了,这个人太差劲了。在这之前,我还没有那么强烈的念头啊,就是婆婆的问题出来之前。可是丈夫因为至亲的事暴露出来的情感,其实是很丑陋的。我绝望了,如果我像他说的那样辞去工作的话,那么我这一生一世都要受他的指责,无论遇上什么样的事情,这个男人肯定会说,是我养你的。一想到这里,我就来气,所以就和他分手了呀!"

佟子自己没有手艺,不能像她那样与男人一争高低。从开始工作之前,丈夫就极力反对她去上班,对丈夫再怎么生气,也不可能马上提出离婚的。因为并非真心想去工作,所以一种无奈的感觉一天比一天强烈。唉声叹气地照着镜子,镜子里有着一张三十三岁女人的脸。身上还没有多余的赘肉,是一具结实的肉体,平时也是抹淡妆。

到底是为了谁,为了什么,才在饮食中百般挑剔,那么神经质地不让自己长出多余的脂肪?为了谁才在脸上涂脂抹粉,把嘴唇涂得红红的?如果不是为了丈夫,那么是为了谁?

多半是为了自己。"为了丈夫"这句话说不出口,这仅仅只是让她感到寂寞而已。但是,如同他——他的存在和他的肉体——几乎不会再令她感动一样,她又把他当作是一个经常使用已经用腻了的家具。一件老是待在一个地方不动、显得很理所当然的东西。当然,对这个家具已经熟视无睹,没有的话会感到很不习惯,但也并非在那里就会特别惹人注目。如果修整一下、打上石蜡闪闪发亮的话,心情会感到很舒服,但也绝不会因为经过修整就觉得很感动。

压抑着的"盛女的疼痛"突然涌出,佟子蹙着眉将双手紧紧地把在胸前。要说什么空虚,空虚的东西切切实实地存在在这个世上,渗透着她的全身,如同没有那种令人头晕目眩的性爱一般。

缺乏或者失去令人销魂的性爱,这样的状态难以启齿。佟子不是没有那种饥饿感。她有饥饿感,而且很严重。但是,靠丈夫不能填埋那种饥饿感。并不是说不能拒绝丈夫,每三次里总有一次不得不接纳他,否则的话丈夫肯定会亮出那张男人的王牌,会说:是我养着你的呀!所以我有那个权利。

当然,佟子觉得她的丈夫还不会如此轻易地说出那样的话来。他一般不会说出那样的话,佟子也不会把丈夫逼到那样的境地。纵然到了那样的地步,最多也只是弥漫着那张王牌的气氛。在非常长久的日子里,她无法抹去那种把自己的身体借给丈夫的感觉。那是按照一定顺序、有着力度、有着感触的感觉,纯粹一副执著得令人不敢相信的模样。

佟子不可能去期待所谓的变化,然而就连发出声音的方式也千篇一律如出一辙,这是一种滑稽。那种滑稽,丈夫岂止是丝毫没有引起注意,反而还产生了一种错觉,好像那是一种完美无缺的性爱,尽管不能说每次都让妻子感到满足,但他相信已经给了妻子,而且还坚信不疑。佟子知道那种熟练的动作是由习惯造就的,即使企盼他带有热情也是勉为其难的。从丈夫完全是自发的活塞运动中,她怎么也感觉不到这是一种爱的交融。她觉得,爱的交融完全是另一个层面上的行为,胸膛里发出的跃动,某种堕入地狱里不能自拔的感觉,从皮肤所有的毛孔里,从每一根发丝上,从手指间,都涌现出来的欢悦。她已经万分饥饿。她的饥饿是对它们而言,并不是指和丈夫两人在已经如同古战场的床上做爱。

佟子其他的朋友们说：性爱这个东西是具有蛊惑性的，这种蛊惑，只有在绝不能让人知道的偷情，即不伦的关系里，才有可能产生。佟子也觉得这样的话很有道理。一个投身于偷情之中的女人说，再也没有什么东西能像不伦之恋那样让全身心都燃烧起来了。佟子只不过是处在将身体借贷给丈夫的状态里，所以听到这样的话，她不禁感到全身战栗，一阵不能自拔的虚脱。这早已经不是好与坏的问题，而是她完全丧失了自己对此主动承担起责任的自信。一想到沉浸在那样的情事里，一旦被人发现时所失去的代价，她就会吓得连膝盖都发软了。

"在情事实质性开始之前，连我都在那样想啊！"女友这么说道，"不过，恋爱，就好比是车祸，是在某个意想不到的时候突然开始的呀！就是说，和对方是不期而遇的吧。你也会是那样的呀！也许明天就会发生，不是吗？还不知道会发生什么的时候，就已经在床上了呀！几乎还陌生的男人在床上亲昵而且很淫荡，说着或做着各种事情的时候，你知道有多么刺激吗？为钱担忧，孩子，税金，晚饭吃什么，如此之类的事情，从两人之间消失得干干净净，纯粹就是为了干那事才依偎在一起的呀！不可能共同生活，而且不知道对方什么时候排泄，会淫乱到什么程度，能够无止境地堕落下去，干那事一直干到精疲力竭，拼命地干到甚至要呕吐，不就是要分手了？接下来就是寂寞得不得了啊。感到绝对的孤独，那种孤独简直无法想象啊。尽管脑子里还会显现这样的念头，什么孩子在家里等着呀、家里还有对我深信不疑的丈夫呀，但浑身渗透着那种义无反顾的寂寞感摸回家，这又是很棒的感觉呀！那种落魄感，你能体会到吗？孩子和丈夫，我都不能抛弃，不过我也不能抛弃他啊。从某种意义上来说，还是情人更真实更值得珍惜啊。说得自私些，怎么说呢，我是一个随心所欲、毫不掩饰自己欲望的人,爱我的人只有他一个,因为他赏识我的身体,满腔热忱地注视着、狂热地爱着我的身体,丈夫不能与他相比啊,"然后她孤零零地说,"能要求情人做的事,如果能对丈夫说哪怕十分之一,就好了。"

"我知道啊。"这一点,佟子能够赞同。至于佟子自己,夫妻之间的性爱是非常从容的,但是的确是在走下坡路,渐渐地变得疏远,佟子不可能熟视无睹的。

煞费苦心地选择时机和场所,想要把话题引到两人的床笫之欢上,这样的尝试以前曾经有过好几次。每次都失败,丈夫都巧妙地回避了。

有一次——你说什么,在这样的地方。丈夫好像感觉很下流似的讨厌地蹙着眉避开了。另外几次,他都是微微地笑着,说怎么在这样的地方说这种话,他大概是想在床上或者类似于这样的地方才触及这类微妙的问题。随之他的表情变得僵硬。一看见他那副德性,她的舌头也变得僵硬了,刚要出口的话和唾液一起咽了下去。

他的脸为什么变得僵硬?直到最后,佟子也没有弄明白。也许他只是讨厌妻子谈论那种事情。或许他以为妻子既然提起那种事,就说明妻子对性爱怀有不满,于是心里感到不悦。从他那副僵硬得可怕的表情可以看出,他在探明原因之前,无论猜测还是傲慢,对妻子的不满,他都视而不见。

回想起来,在性的方面,无论男人还是女人,无一例外全都会变得神经质。就是说,丈夫那样紧绷着脸拒绝听对方的谈论,妻子看见那张脸自然就会赶紧把话咽下去。

关于性爱,对女人而言,男人们好像不允许女性方面有自己的想法和主见,或者是不允许女人有具体的行动和主动的引诱。男人头脑里即使有某种程度的认可,那始终只是一种极普通的看法,关键在于一旦自己的妻子或自己身上哪怕是闪现那样的念头,就会脸部抽搐,觉得十分扫兴,一声不吭了。

关于性爱的技巧,想来是男人的作用,作为妻子只要顺从丈夫的要求毫不掩饰地提供肉体就行了。也就是说,如果像死鱼那样毫无感觉,也会令人感到乏味,他们希望妻子适可而止地作出官能性的反应。

但是,对于妻子来说,适可而止地作出官能性的反应,这是多么难以把握的技巧。尤其是对在公司里狂命拼搏、回到家里像破抹布一样疲惫至极、懒得欢笑的男人而言。

有时丈夫的不悦是妻子所难以承担的,一副阴沉得令人生厌的表情。无论多么努力让自己亢奋起来,如果对方是一个丝毫没有官能性表现的男人,光是女人方面,怎么样才能官能起来啊,而且还不能像娼妓那样表现得太过分。

因此,佟子带着某种伤感迎来黑夜。

佟子的丈夫回家前喝了些酒,所以回到家里后随便吃了些晚饭就浏览着晚报。时间刚过九点半,近来他每天直到深夜回家,今天算是早的。幼小的孩子都在各自的床上睡着了。

佟子正在洗餐具。她突然停下手。她知道那又要开始了,有一种盛女的疼痛。她像求助似的望着丈夫的后背。

但是,他那向前稍稍弯曲着的背脊毫无表情。与其这么说,还不如说,他好像累得快要倒下了。

就在那个时候,佟子突然讨厌起一切了,然而却又没有任何直接的原因。那天夜里,她并没有和丈夫发生口角,家里也没有任何人惹她。没有任何理由,只是感到厌烦,讨厌所有的一切。

甚至想要呕吐。她讨厌这么站着,讨厌洗东西,甚至讨厌呼吸。

那样的状态出乎意外地袭击着佟子。头脑里的"发条"好像坏得七零八落的木偶那样,四肢的"环箍"好像都已经消失,有一种散乱的感觉。眼珠子滴溜溜地转动着,有着一种眼看就要转落下来的不安。那些感觉,全都可以称之为一种绝望。手、脚、眼珠子都随意地崩落下来才好,还是这样来得爽快。

佟子把身体紧紧地靠在洗涤槽边,好不容易才勉强站立着。丈夫毫无察觉,发出翻阅着报纸页面的声响。佟子真想一把夺过他手上的报纸,发疯地将它卷成筒状,用力地往丈夫的脸上打去。

不!不对,完全错了。那样做并不能使她平息内心里的狂澜。首先,自己根本就没有想要得到平息。到丈夫坐着的地方只有几米远的距离,能不能走到丈夫的身边,能不能粗暴地把报纸卷起来,这都是值得怀疑的。她只是感到乏力,有一种绝望的感觉。

她感到胸中抱着一个宇宙的黑洞。更正确地说,宇宙的黑洞突然向她迎面扑来,撞破了她的胸骨。而且,那些黑暗的星星在她的胸腔里筑巢,她感觉到星星的沉重,和漫无边际的昏黑。佟子茫然和惆怅,不!她在精神上受到了更猛烈的重创,把刚洗好的玻璃杯滑落在地。

玻璃杯落在油毡地板上,发出"咔嚓"的声响碎了。丈夫听见声响,扬起目光瞥了一眼,一句话也没有说,便又埋头看着晚报。他的表情没有任何变化,也没有任何情绪反应。就是说,是漠不关心。如果在很久以前,他至少会问有没有受伤。如果在不那么久以前,他会说:你当心点啊,水晶制品是很贵的!他担心的不是佟子的手指,而是水晶玻璃杯。

他既没有责怪佟子,也没有大惊小怪的。丈夫的无动于衷好像无数的图钉刺向妻子。她讨厌这样的丈夫。她极其厌恶这个家、这个厨房、这些孩子,还有"自己"这个女人,厌恶那种无奈,那种饥饿感,厌恶由此而带来的不满。尤其自己近来难以排泄的倦怠感、无聊感之类的东西,脏兮兮地令她无法忍受。佟子在厨房里一屁股沉沉地坐在地板上。她是腿部发软,膝盖无力,不能支撑体重了。她头痛,甚至想要呕吐。

她久久地这样坐着,茫然,绝望,怅然若失。在内心的某个角落里,好像对自己这副模样还很腻烦。

丈夫把报纸摊开着放在桌子上,若无其事地回头望着妻子,眉间掠出一片愁容。

他用充满着不悦而不是担心的声音问:"怎么了?"

"我喘不过气来。"

"是心情不好?"

"嗯,是啊。"佟子用死一般的心情低声喃语,"我讨厌一切。"

于是,丈夫说道:"就是那个主妇才有的厨房综合征?"一副轻蔑的语气,"求你了,佟子!你即使不那样,我满脑子也全都是公司里的事。今天夜里你不要再提出什么生活价值的问题来折磨我。"

佟子从地上捡起玻璃碎片。她感到极其懒散,连开口说话的力气也没有了。

"我在公司里也不是很快乐的。尽没有好事,甚至还有令人头痛的事。宁可说,全都是令人头痛的事啊。可是,我从来不把工作上的事情带回家里,在你的面前,我因为公司里的事向你发过一次牢骚吗?'男人',就是那样的人,把自己的辛劳向老婆、孩子诉说也没有用。这就是'体谅'吧,这也许是家庭生活中最低的生活准则呀!"

佟子把锐利的碎玻璃片拿在手心里玩弄着。丈夫继续说着。

"我不会打破那样的准则,也不准备打破它。所以请你也不要向我絮絮叨叨地说个没完,说实话,我不懂啊!你到底不满意什么?首先,连你自己都闹不明白,不是吗?你只是感到一种莫名其妙的无聊,希望我来介意你吧?你不是孩子吧,又是一个成熟的女人,年龄也不小了,还不会照顾自己,太没有情趣了。"

佟子霍然转过脸去,把侧脸对着丈夫,一边将一块碎水晶放在手掌里用力揉动着。闪过一阵刺痛,手掌因为渗出的血眼看着染得鲜红。佟子盯盯地凝视着手掌心。她一动不动。她觉得,血的红色十分鲜艳,非常美。因为她十分平静,所以丈夫没有发现她此刻发生的事。

"不过,你的问题,是怎么回事啊?"

"什么也没有啊。那件事,什么也没有。"佟子低伏着脸呢喃着,"那是我自己的事。"

"什么也没有?"

"是啊,什么也没有。干干净净,什么也没有呀!"佟子这么说着,将手掌更用力地紧紧握着。水晶玻璃深深地镶进肉里,佟子不由得皱起眉头发出呻吟。

"这不是很好吗?"丈夫还没有察觉,耸了耸肩膀,"当然不会有什么问题。"

是啊,当然没有问题。佟子凝视着昏暗的眼瞳深处的银白色,呢喃着。我累了,我要睡了。丈夫站起身。

没有理想,没有希望,也没有冒险,因此也就没有危险。没有工作,也没有任何东西能够宣泄。没有刺激,也没有情人,就连暗恋的偷情对象都没有。要说这样的黑夜里我想要得到什么,那就是希望有一个能用许许多多爱的语言让我窒息的男人。我喜欢你!你的发型真漂亮啊!你的眼睛闪闪发亮呀!你的身上有一股子香甜的味儿。一副热气腾腾的口气说:我想把你吃了,而且实际上是把我吃了。我迷上你了,我喜欢你喜欢得眼看快要发疯了。我爱你,我爱你,漂亮的人,你是我最珍惜的人——佟子坐在地板上伏趴着不停地啜泣着。

哭了一阵子之后,突然一切都恢复到了原来。左手阵阵刺痛。惊讶地一看,还紧紧地握着满是鲜血的水晶碎片。佟子悚然跑向盥洗室,用水冲洗着,伤口很深,佟子贴上了护创胶布。

一抬起头,镜子中映出自己那张哭泣后总有些孤寂然而却清晰的表情。

她对着那张脸说道:去偷情吧?我和那样的事情没有缘分啊!相反还是稳定的家庭没有危险,就是说一切都是温暾的灰色,永远无法摆脱黯然伤感的生活,然而幸福,而且安逸,前后思量起来是一种风平浪静的人生,那是多么美好啊!是多么幸运啊!既不用为钱奔忙,也不用嫉妒丈夫拈花惹草。

佟子离开镜子。房间里没有任何变化,收拾得整整齐齐,看起来心情也非常舒畅。这就已经满足了。她强迫着自己这样来理解自己的生活。

她悄悄地钻到床上丈夫的身边躺下。手掌心的伤口阵阵刺痛。她在昏暗的光亮中无奈地笑着:我干了一件愚事。

丈夫翻了个身,温暾的手放在她的身体上。一种认命的懊丧像帷幕一样降落下来。

听说女性中有人讨厌和丈夫做房事,做房事时身上会冒出鸡皮疙瘩,在做爱最高潮时甚至想要呕吐。佟子对丈夫还没有那种生理上的厌恶感。

只是,她怎么也无法抹去把身体借给丈夫的感觉。

丈夫鼓起精神做着努力,想要使妻子亢奋起来。他不可能完全无视妻子的肉体和欲望。但是,即使他那样忙乱地刺激她的肉体,她也永远都不会产生快感。丈夫没有发现这一点。

佟子也不是没有作过努力,希望他能在意,但无论她做出什么样的努力,她的表情始终都是僵硬的。

佟子装出有快感的样子,自然既是为了自己,也是为了丈夫。说是为了自己,就是她一心希望尽早结束。"为了丈夫",意思是希望他不要太疲劳而给第二天的工作带来妨碍。这是妻子方面的关心,也是人之常情。因此,佟子的演技始终是出自善意,绝非愚弄丈夫。她装作很亢奋的样子,希望他尽快地激奋起来。

不久,丈夫从她的身上离开,片刻后传来他那有规律的呼吸声。听着他那平静的声音,那样的"疼痛"缓缓地爬上佟子的全身——是我的疼痛。而且,佟子感到自己是在渐渐地习惯这样的"疼痛"。就是说,是与"疼痛"共存。结果还是我自己的问题——她一边在睡意蒙眬中徘徊着,一边这样想道。自己缺的到底是什么?这种缺憾也许是不能讲出口来的。

只是,有着一种企盼,一种愿望。恐怕别的女人也都企盼着。

那种企盼是什么,佟子不知道。是佟子一人的企盼。这样的企盼是属于佟子的,可以说这是她的愿望,而且是独一无二的盼望,是语言。她首先想要得到的,是语言。睡意在渐渐地变成肉体的"疼痛",她一边体味着那种"疼痛"的感觉,一边迷迷糊糊地这样想着。

真理子的选择

阿升说好一过三点钟就打电话过来,但他没有守约。真理子坐在电话机的斜对面苦苦地守候着。她记得已经等了快有一个小时了,每过一秒钟,感觉就像图钉在她的心脏里扎一下似的。同事安田正在邻桌为一则商业广告片画着绘画脚本,图画得非常拙劣。

"安田,过一会儿我来帮你画,你就写一段广告词吧。"真理子说道。她说的"过一会儿",是指接到电话以后。

"那就求你帮忙了。"安田正中下怀,乐不可支,"你只要用铅笔画一个简单的轮廓就可以了,不过这是急着要用的。"

电话铃响了。真理子的心脏骤然急剧地跳动起来。她强忍着冲动不让自己猛扑过去。电话铃响了有两三次,安田朝电话机瞥了一眼,真理子才拿起听筒。

不料,不是阿升打来的。

"是我,我是阿慎。"对方不管接电话的人是谁,便鲁莽地报出自己的名字,急不可待地说道,"我想看看你在做什么。"

幸好是真理子接的电话。"和平时一样,老样子。"真理子努力让自己平静下来,用柔和的嗓音回答。

"今天这样的日子,你应该休息的。"对方说。

"你,休息了?"

"没有。我……我是男人,还有很多工作要做。"

"我也一样,也有很多事情要做。"

听筒里能清晰地感受到未婚夫阿慎瞬间有些扫兴。真理子感觉到自己对他似乎有些冷漠。

但是,现在与阿慎通电话的时候,阿升也许会打不进电话来的。

"晚上一起吃晚饭,怎么样?"对方问,"这是单身的最后一夜。"

"单身的最后一夜,不是更应该和你的哥们一起喝得酩酊大醉吗?"

安田故意让真理子讲讲贴心话,站起身离开了座位。

"不可能喝醉了酒去参加婚礼吧。"

真理子在心里暗暗地想,如果那样,生活才有人情味呢。要是换了阿升,他准会那样,和朋友们聚在一起喝酒,一直喝到第二天清晨,边上扔满着喝空了的威士忌酒瓶,然后一路狂跑着赶去参加婚礼,眼圈漆黑,而且赶到婚礼上时肯定是迟到的。

打电话来的人为什么是阿慎而不是阿升呢?自己准是在什么地方、又不知道是怎么回事阴差阳错地搞错了。这么一想,真理子觉得自己仿佛无意中坠落在一个圈套里,而且那个圈套又是自己设置的,自己不知不觉中就陷了进去。

真理子与阿升已经连续交往了七年,双方的关系已经像温吞水一样不冷不热。这样的情况很常见,处在既不能有再多的进展,又不能分手的状态里。

还是结婚吧。——真理子朝思暮想,却说不出口,每当关键时刻想要提起,她反倒装得若无其事。这样的时候,阿升明知道她内心里那份痴情,却用心不在焉的口吻回答说:我们现在不就已经像结婚的样子吗？

你真坏啊，阿升，我已经二十七了。——真理子长吁短叹，感到非常失望。她用她的真心和身体紧紧地咬着阿升不放，这令她备感沮丧。看样子这样的状态还将持续下去，而且不知还要持续多少年。

有时候，真理子会直言不讳地威胁他："我要去相亲了。"其实亲戚中的确有人向她提起相亲的事，但真理子丝毫没有那样的打算。她很乐观，只是想以此来要挟阿升，试试阿升的心意。

"你去相亲？"他随即蹙起眉，然后一言不发，神情变得木呆。

如果你不愿意的话，我就不去啊！——真理子差一点儿急不可耐地讲出这样的话来。

"你是认真的吧？"

"呃，如果你不愿意……"真理子正要这么说。

"你是认真的吧？"阿升再次盯着问，"如果相亲是为了应酬的话，你就不应该答应下来，否则对对方很不公平。"

阿升的话深深地刺伤了真理子。她还满以为阿升会阻止她去相亲，对话就会顺理成章地变成：既然这样，那么你就应该承担起那份责任与我结婚。不料，阿升没有说出不让她去相亲的话来，而是说"如果为了应酬就不要去"，话中之意，就是同意真理子去相亲。

"我是认真的呀！"她冲动地说，"我当然是认真的，否则话的，我就不会把这件事告诉你。"

阿升缄然，神情变得沉闷起来。以后，他一连好几天没有音信，真理子也很倔强，没有与他联系。

最后，真理子去相亲了。那天夜里深更半夜的时候，阿升打电话给真理子，一副醉醺醺的口气。

"你去相亲了？那个人，你喜欢吗？"

现在悬崖勒马还为时不晚。真理子当然打算回头的。尽管这样做对对方很不礼貌,但如果若无其事地中断交往,就能心安理得地回过头来。

"那人很不错,看上去很诚实。"真理子在电话里却这样回答。

"你想和那个家伙结婚?"

这要看你了!——这样的话,真理子怎么也讲不出口。

"冷静下来考虑,如果结婚,对方也不赖,但……"真理子故意回答得混混糊糊。

"我杀了他!"阿升突然声嘶力竭地叫嚷起来,"我杀了你们两人!"

听到这话,已经足够了。真理子暗暗窃喜,高兴得连腿脚都发软,人都站不稳了。阿升在电话里还叫嚷着:你是我的女人!我什么人都不给!

我知道啊。——真理子回答。

我从一开始就知道你的心意。我明明知道你的心意却还去相亲,这是我错啊!令你发这么大的火,是我不好啊。这件事,你把它忘了吧。明后天我就打电话给他,把他回绝不就完了?——真理子这样东拉西扯地说着,好不容易才稳住了阿升。

不料,第二天一早,阿升打来了电话。这么早打电话来,作为阿升来说,是很少见的。

"昨天晚上,我说得太多了,你不要介意。"听筒里传来睡眠不足和醉意未消的声音。

"呃,说得不多啊!我很高兴,因为我已经知道你的真心了。"阿升一时间不知道怎么说才好。

"我真的讲得太多了。昨天晚上的事,你把它忘了。"

"为什么啊?你不要说出这种古里古怪的话来。我知道是我错了,你不要耍弄这样的小花招……"

"我是喝醉了才说的。"阿升的声音变得有些虚幻,好像在拼命地想要否认什么。是在否认什么呢?

"你说你醉了,不会是在说谎吧?昨天晚上说的那些话,才是你的真心话吧?我只要知道你的真心就行了。"

"所以我在说我醉了嘛。"阿升的语气突然变得强硬起来,是真理子从来没有听到过的那种蛮横的声音,"说了些什么,我已经记不清了。反正,你无论如何要原谅我啊。"

真理子的心冷了。

"真的是那么回事吗?"真理子小心翼翼地试探着。这么说起来,"我杀了你们两人","你一辈子都是我的",这些话都是酒后失言,希望我把它忘了?——"那么,你今天想说的是,我可以随便与人交往,去和那个人相亲,是吗?这就是你现在想说的话?"

"如果那样能让你得到幸福的话……"

真理子在内心里叫喊着:我还能得到幸福吗?但是,从她嘴里出来的,却是这样的话:

"我明白了。我再考虑一下。"

阿升不知道对真理子如何是好。他对真理子感到不知所措,却又想渐渐地放开她。这一点,真理子非常清楚。她心想:如果我已经成为男人心头沉重的负担,我也会主动提出分手的。

于是,真理子开始与阿慎交往。介绍人再三叮嘱真理子,说:你不要忘了,你们的交往是以结婚为前提的啊。

到了订婚阶段,真理子给阿升打过一个电话。阿升只是简短地说了一句:是吗?

"你只有这么一句话?我们两人的关系凭这么一句话就结束了?"真理子的声音变得细小而哀伤。如果这是真的,还不如大吵一场,相互伤害,直到双方都遍体鳞伤。

"说恭喜你了,行吗?"阿升用强忍着情感的低沉的声音这么说道,便突然挂断了电话。

真理子将已经中断了电话的听筒久久地按在耳朵上,嘴里喃喃地说着:这就结束了。她的内心里还存有一丝企盼,尽管那一丝企盼如蜘蛛吐出的丝那样脆弱,现在她觉得就连那一丝希望也已经断了。

过了漫长的三个月左右,两天以后就要举行婚礼了。这天傍晚,真理子下班离开公司,正在街树茂盛的马路上走着时,阿升突然从天而降出现在她的面前。他的左端嘴边已经破裂、肿胀,眼睛下侧是深紫色的乌青。

"你怎么了?"真理子不由得停下脚步,愣愣地站立着一动不动。

阿升满脸胡须,脸色非常憔悴,显得有些脏,就好像在拳击比赛中被打倒得很惨的拳击运动员一样。在街道上快步行走的行人,不时地打量着他的脸。

"我喝醉了。"他怯弱地说道,目光落在真理子的脚边,不敢抬头望真理子。

"和谁打架了?"真理子已经将结婚的日期用明信片通知过他,所以见他这副模样,还以为是为了她。她的内心里涌出了一丝光明。

也许还是要回头。——她暗暗感到高兴。

"我已经记不得和谁打架了。"阿升信口说道,态度很生硬。

这时,天刚刚擦黑。两人朝着新桥的方向并肩走去,一路上默默无言。

"你如果不要我结婚的话……"两人走到车站前时,真理子喃语着。

阿升双手插在裤袋里,弓着后背。风儿掀起广告纸屑带着尘埃刮去。

他没有回答真理子的话,冷不防说道:"真理子,今天晚上你陪我。"

天气不冷,但阿升却好像很怕冷似的僵直着肩膀。

"为什么?"真理子怔怔地从他那僵直的肩膀打量到他的胸前,心里暗暗地想,一点儿都看不出他要说什么,简直是一副要拒人于千里之外的感觉。

"你陪我到明天早晨。"

两人呆呆地站立着。行人从他们两人之间穿过去。也许是脚碰到了阿升,他的身体摇晃了一下。

"你把眼睛睁大些!"男人只顾着离去,阿升对着他的后背嚷起来。

男人转过身来,责问他"怎么了",他的体重估计有阿升的两倍。

"你的脚碰到我的脚了!"阿升一副流氓似的口气说道,明显地流露出自暴自弃的神情。

"算了。"真理子握着阿升的手臂,不停地向那个身材魁伟的男人鞠着躬,连连说着"对不起"。

男人摇晃着肩膀离去。阿升朝着男人的背影朝地上"呸"地吐了一口吐沫。

"你到底怎么啦?"见阿升的举止像换了一个人一样,真理子问,"是因为我的原因?"

"刚才我说过的,"阿升催促着,"陪我到明天早晨……"

"如果你要我取消婚礼,你就说出来啊!现在说出来还来得及。"

在路口,信号灯变成了红色,又变成绿色,不久又变成红色,但他还是什么也没有说。出租车一齐启动,四周一下子挤满着从银座方向来的行人,人们都站在路口等着穿过马路,将两人围在中间。两人挤在人群里凝视着行人的后背。

"陪你到明天早晨,我们会怎么样?"真理子终于这么问,"为什么要陪你?"

信号灯变成绿色,人群开始移动。片刻,四周的人都走光了,只有他们两人留在马路边。

"你是说你想和我做爱,算是我们分手的纪念?做完爱就结束了?"就是说,阿升和我做一晚上的爱,把他的精液留在我的体内,此事就算是结束了。也许这样做,男人就能够心安理得了。"我不愿意那么做。"

"不愿意……吗?"阿升耸缩着肩膀,"我明白了。那我走了。"他出乎意料地迈开脚步。

"你等等。我听不懂你的话,"真理子追上前去,"你让我把话说清楚。"

阿升停下脚步:"你要说什么?"

"后天是我的结婚仪式啊。行吗?"真理子流露出一副哀求似的、寻求依靠似的目光,这样追问着。

"行不行,都与我无关。"阿升紧紧地咬着牙关,就再也没有说话。

"但是,"于是真理子咬着下嘴唇,"那么,你这张脸是怎么回事?为什么要和不认识的人打架?是因为我吗?是在为我的事生气吗?"

"随便你怎么理解。"他那张青肿的脸上浮现出困惑的表情。

"后天晚上六点钟,我就结婚了。"

阿升不敢与真理子的目光对峙。

冷不防,阿升开始向前走去。

真理子对着阿升的后背说道:"明天三点钟之前,我等着你的电话。"

这是最大限度的期限,否则就来不及了。

"你一定要打电话给我,只要来个电话就……"

"好吧,我打电话给你。三点钟我打电话给你。"阿升的身影消失在纷沓的人群里,一晃就不见了。

"喂喂,真理子,你听着吗?"传来阿慎遥远的声音。

"我听着。"真理子回过神来。

"那么,一起吃晚饭,你看行吗?你回答我啊。"

"那就一起吃晚饭吧。"真理子用低沉的声音回答。时间是四点过了十三分。

阿慎讲了约定的地点就挂断了电话。

真理子拿起安田放下的绘画剧本,用"2B"铅笔结合广告词的内容描着画。这是一则化妆品商业广告,时间是三十秒钟。按照安田的创意,从嘴唇的特写开始,嘴唇占满整个画面,鲜红的口红涂满嘴唇,摄像机缓缓地后退。切换镜头,坐在镜子前面的,不是女性,而是一名男性。真理子觉得这个创意与安田的个性很像。总之,关键是演员。如果是年轻时的大卫·科波菲尔(英国作家狄更斯的自传性小说《大卫·科波菲尔》中的人物。——译者注)那样的男子,也许能拍得很好。真理子把精力几乎全部都集中在绘画剧本上。

安田回来,越过真理子的肩膀,窥视着她手中的画。

"Thank you(谢谢),画得很好啊。男子的脸画得特别好。要寻找到这样的模特儿会很累的。"

"预算是多少?"

"差很多呢。这些钱只能在时装模特儿当中寻找啊。"

这时,电话铃又响起。真理子朝电话瞥了一眼,便继续埋头移动着手中的画笔。安田拿起电话的听筒。

"喂喂,是的,在啊。"安田把听筒伸向真理子,"电话。"

"对不起,你就说我不在。"

安田慌忙用手捂着电话的送话口:"怎么回事,我已经说过'你在'了。"

"你就说记得刚才还在,现在出去和广告商洽谈了。说啊!求你了。"

安田盯盯地注视着真理子的眼瞳,片刻后便拿起听筒。

"喂喂,让你久等了。对不起,刚才她还在,好像出去和广告商会面了。呃?不知道她什么时候回来,也许会直接回家吧,要让她和你联络吗?"

真理子正在给画中的男性加黑。安田挂断了电话。

"是一个叫山本升的人。你不接电话,这合适吗?"

"嗯,算了。他说什么了?"

"没说什么,说你不打电话去也行。"

"是吗……"真理子觉得多半还是这样好。阿升想要对真理子说什么,事到如今,已经不重要了。